REZAR,

ANUNCIAR

E ENSINAR

A PALAVRA

Dados Internacionais de Catalogação na Publicação (CIP)
(Câmara Brasileira do Livro, SP, Brasil)

Venâncio, Mariana Aparecida
Rezar, anunciar e ensinar a Palavra: o serviço da Animação Bíblica da Pastoral em nossas comunidades / Mariana Aparecida Venâncio. Petrópolis, RJ: Vozes, 2025.

ISBN 978-85-326-7233-9

1. Oração – Igreja Católica – 2. Palavra de Deus (Teologia) – 3. Pastoral (Teologia) – Igreja Católica I. Título.

25-274197 CDD- 253.78

Índices para catálogo sistemático:
1. Pastoral e comunicação: Cristianismo 253.78:
Cristianismo 268.3
Eliete Marques da Silva - Bibliotecária - CRB-8/9380

Mariana Aparecida Venâncio

Rezar, anunciar e ensinar a Palavra

O serviço da Animação Bíblica da Pastoral
em nossas comunidades

EDITORA
VOZES

Petrópolis

Rua Frei Luís, 100
25689-900 Petrópolis, RJ, Brasil
www.vozes.com.br

Editoração: Piero Kanaan
Diagramação: Ana Maria Oleniki
Revisão gráfica: Jhary Artiolli
Capa: Nathália Figueiredo

ISBN 978-85-326-7233-9

Este livro foi composto e impresso pela Editora Vozes Ltda.

Sumário

Introdução

E a Palavra se fez carne e habitou entre nós; vimos a sua glória (Jo 1,14).

Por sabedoria e bondade[1], ensina o Concílio Vaticano II, Deus quis revelar-se à humanidade e manifestar seus desígnios. Essa revelação seguiu muitos caminhos ao longo da história da salvação e, com o povo da Antiga Aliança, começou a se tornar Escritura. A comunicação da Palavra de Deus por meio da Escritura está na dinâmica da mediação do Espírito Santo: ele age por meio da escrita literária e da leitura orante. É o Espírito Santo quem garante que, narrada em palavras humanas, a Bíblia ensine aquilo, e só aquilo, que Deus pretende revelar de si mesmo, sua Verdade. A Escritura, no conjunto do Antigo e Novo Testamentos, é memória reconstruída por meio da literatura, a fim de ensinar aos leitores e ouvintes de hoje a autocompreenderem-se como povo de Deus, a partir do conhecimento pessoal dele e da relação que Ele mesmo escolheu criar com a humanidade ao longo da história. É o conhecimento experiencial de Deus mesmo, não só de seus preceitos e de suas normas, que a Palavra escrita proporciona e que se torna chave de orientação para a conduta de todos aqueles que desejam entrar na aliança com esse mesmo Deus revelado.

O que Deus comunica aos autores sagrados é sua própria Palavra de Vida, por meio da qual tudo foi criado, *dabar* do Pai. É, inicialmente, meio para sua revelação e, mais tarde, ganha rosto humano em Jesus Cristo, Verbo que se faz carne. Na pessoa do Filho, Deus se revela de uma vez por todas, de modo definitivo. Ele é a Palavra que no princípio estava com Deus e por meio da qual Deus criara o ser humano e todo o Universo (Jo 1,1-3). Ele não somente dá a conhecer

1 *Dei Verbum*, n. 2.

essa Palavra, como também revela sua face redentora. Se, no princípio, Deus criara todas as coisas ao pronunciar sua Palavra; agora, o próprio Verbo fala à humanidade convidando a uma nova Criação, libertada das amarras humanas, por meio da entrega livre da própria vida. A Palavra que Deus diz é o Filho e comunica-se eternamente não pelo som, mas pelo ressoar do seu convite a uma vida nova, definitivamente comunicado na sua livre entrega da vida em favor da humanidade. A mesma Palavra que cria a humanidade – que, depois, sucumbe à força do pecado –, tem a força de chamá-la de volta do reino da morte para o reino da vida eterna[2]. A Palavra criadora de Deus, em Jesus, torna-se vida entregue em favor do Reino.

Nas narrativas fundantes presentes no Livro do Gênesis, a Escritura nos convida não ao conhecimento histórico do processo das origens, mas à contemplação da beleza do mundo criado como realização da Palavra de Deus. A perfeição harmônica do Universo e de tudo o que ele contém – águas, árvores, animais, seres humanos – é a expressão concreta do que a Palavra realiza, é testemunho perene do Criador[3]. O Livro do Gênesis, em 1,1-2,4a, atesta a eficácia da Palavra: Deus diz e tudo se faz. Não encontramos, nessa narrativa, um conto de ordens cumpridas, mas uma ode à força da Palavra que, uma vez proferida, diz o Senhor, "não volta para mim vazia, sem ter realizado a minha vontade" (Is 55,11). Deus dá ao ser humano o dom da linguagem como sinal da partilha de si mesmo: o ser humano nomeia a criação com substantivos e, nomeando-a, dá a ela razão de ser, à semelhança de Deus, que infunde nela a vida ao lançar, desde si, a sua Palavra. Deus diz a sua criação e, então, a ama; o universo e, nele, o ser humano, são a linguagem de Deus, são a Palavra de Deus realizada.

À luz da Palavra divina, o Livro do Gênesis propõe compreender também a vocação da palavra humana. Gn 3,1-25 menciona uma serpente que usa da linguagem para confundir, exercendo a sua astúcia. Ao ser confrontada pela serpente, a mulher recorda as palavras de Deus: "Deus nos disse: 'não comais dele nem sequer o toqueis, do contrário morrereis'" (Gn 3,3), mas decide – por liberdade ou

---

2 LADARIA, L. F. *A Trindade*, p. 27.

3 *Dei Verbum*, n. 3.

confusão –, sobrepor sua vontade ao mandamento. É o primeiro confronto entre a palavra humana e a Palavra de Deus que encontramos ao ler ou ouvir a Escritura. A linguagem humana é expressão da existência, é um meio pelo qual o ser humano responde à vocação à vida a partir da liberdade. Por isso, as palavras humanas nunca são vazias de significado, mas explicitam as escolhas que o caminho da vida exige, podem ser, também, veículos de comunicação da Palavra divina, se recheadas da sabedoria que vem do alto. A palavra do ser humano jamais poderá equiparar-se à de Deus na indicação do caminho da vida, pelo contrário, poderá tão somente ecoar a Palavra divina em obediência filial. Deus é quem pavimenta um caminho para a vida com a Palavra, o mandamento; o ser humano pode trilhar esse caminho quando acolhe, pela escuta obediente e discipular a Palavra e, assim, saber reconhecê-la como a Única entre outras vozes e, na liberdade, fazê-la sua, cooperando para que ela ressoe no mundo pelo anúncio e pelo seguimento.

À prepotência do ser humano que acredita ser capaz de legislar sobre a vida no lugar de Deus, o Senhor corresponde com a bondade da vocação. Suas palavras dirigidas ao ser humano não são castigo, mas a constatação do inevitável abismo que a arrogância humana pode abrir entre Deus e o ser humano: "Onde estás?" (Gn 3,9). Deus, que os criou para a vida, desconhece o lugar obscuro para o qual suas más escolhas os levaram. Mesmo assim, o Senhor acompanha a humanidade ferida com mais uma expressão amorosa de sua Palavra, a vocação. A inimizade entre o ser humano e a serpente (Gn 3,15) é a vocação à vida que ressoa mesmo no coração dos que sucumbem ao mal; dar à luz filhos (Gn 3,16) é a lembrança da bênção de Deus mesmo nas dores do corpo; o suor do trabalho que gera o sustento (Gn 3,19) atesta a companhia de Deus que faz germinar o solo para o bem de seus filhos; as roupas de pele tecidas pelo próprio Deus (Gn 3,21) são o modo que Ele encontra de estar com seus filhos, garantindo-lhes a dignidade, mesmo quando suas próprias escolhas os levam para longe. A Palavra de Deus lança-se, de novo, sobre a humanidade distanciada, para ser a lembrança perene do lugar de proximidade e companhia de Deus, de onde vieram, para onde foram criados.

A linguagem volta a ser tema no Livro do Gênesis quando, após o crescimento da violência entre os homens, os construtores de Babel decidem utilizar de sua comunicação como trampolim para chegar ao lugar de Deus. "Façamo-nos um nome" (Gn 11,4): os construtores de Babel não querem somente a tarefa filial de cooperar na Criação nomeando as outras criaturas, mas querem o papel de Deus ao nomearem-se a si mesmos. A consequência de sua soberba é a confusão, o desentendimento, a linguagem que separa (Gn 11,9). Eis um fruto da palavra instrumentalizada para satisfazer a ganância humana: só gera divisão e morte. Do contrário, só faz eco da Palavra de vida aquela palavra que une os seres humanos por meio do diálogo e da compreensão mútua, tornando-se elo entre as pessoas na lembrança de Deus Criador.

No Novo Testamento, João inicia seu Evangelho proclamando que Jesus é o *Logos* do Pai, que se fez carne e veio habitar entre nós (Jo 1,14). A Palavra por meio da qual a humanidade foi criada é a única capaz de recordá-la de sua vocação, chamando-a desde uma humanidade ferida pelo pecado à vivência de uma humanidade restaurada e redimida pela entrega obediente que o Filho faz de si mesmo, uma humanidade na qual ressoa o chamado ao Reino que virá. Jesus recorda aos homens e mulheres de seu tempo – e os de tempos futuros que se deixam atrair por seu discipulado – aquela Palavra pela qual fomos criados, que está dentro de nós como uma memória familiar que precisa ser trazida à luz. O amor de Jesus nos lembra a Palavra de Deus que nos criou e se enraizou em nosso coração. A adesão à Palavra recordada por Jesus, que é Ele mesmo, se manifesta então, da mesma forma como Ele se revelou ao mundo: no caminhar esperançoso rumo à eternidade, enquanto se vive esta vida imprimindo nela os sinais do reino que virá.

A restauração da humanidade feita pelo *Logos* acontece, definitivamente, pelo Mistério da Ressurreição. Jesus ensina, pedagogicamente, como caminhar no rumo dessa restauração. A livre prepotência manifestada pelos primeiros pais é definitivamente suplantada pela livre doação da própria vida, como expressão da total escuta obediente à Palavra do Pai, que faz Jesus Cristo. O Evangelho de Lucas prenuncia essa superação com o sim de Maria, que precede a encarnação. A humanidade que antes fora alheia ao mandamento divino é suplantada pela humanidade totalmente despojada ao cumprimento da vontade de Deus, mesmo se ela for ainda desconhecida ou incompreensível, pela confiança de que só na Palavra de Deus está a vida. O sim de Maria é a adesão total à Palavra de Deus: "Eis aqui a serva do Senhor. Aconteça comigo segundo tua palavra!" (Lc 1,38).

Nessa adesão à Palavra divina pode residir a nova criação. A narrativa joanina paralela à de Lucas nesse aspecto do acolhimento irrestrito da Palavra de Deus é o primeiro sinal em Caná da Galileia, que já compreende que a Palavra do Pai reside no Filho: "Fazei tudo o que ele vos disser" (Jo 2,5).

O *Logos* de Deus em Jesus pode ser traduzido por palavra, mas, também, como projeto[4]: ao mesmo tempo, a Palavra contém e executa o projeto divino. Jesus não é apenas a Palavra que Deus pronuncia, mas a realização dessa mesma Palavra. Enquanto no Livro do Gênesis a Criação era o produto da Palavra realizada, no Evangelho de João ela é uma pessoa que realiza o que o Pai sempre pretendeu para a humanidade: conservando sua liberdade, viver como comunidade de filhos, caminhando para a vida. Pela encarnação do Verbo, o Pai torna-nos filhos no Filho (Jo 1,12). O que Deus quis comunicar a nós de si mesmo é Jesus: não em sua aparência física, mas na explicitação de quem é o homem, à luz da relação com Deus. Afinal, a revelação é comunicação, é convite ao conhecimento mútuo, é abertura à relação. Na Palavra feita carne, Deus e humanidade se comunicam da mais perfeita maneira para convidar-nos ao discipulado dessa proximidade, que se faz na escuta obediente e na fidelidade ao ensinamento do Pai, exercendo essa fidelidade como caridade operante, na abertura à conversão e na livre entrega de si como sinal da esperança no Reino que virá.

Por isso, ouvir a Escritura não é só escutar repetidas vezes um livro de história, belas poesias ou mesmo um código moral que culturas antigas compuseram e pode ser válido para nós, hoje. Ouvir a Palavra na leitura pessoal e comunitária é acolher o próprio Deus que nos fala, o próprio Cristo que vem a nós e nos recorda a Palavra que ressoa na essência de quem somos. Meditar a Palavra é abrir-se à escuta constante dessa recordação, no desejo de silenciar cada vez mais a própria voz para que o som da Palavra de Deus possa ser ouvido. Nesse sentido, a Palavra na Escritura, Palavra de Deus nas narrativas dos homens[5], é muito mais que um livro, mas o Cristo que fala e vem a nós. São Jerônimo já dizia que "a ignorância das Escrituras é ignorância de Cristo"[6].

---

4 MATEOS, J. BARRETO, J. *O Evangelho de São João*, p. 33.

5 SKA, J. L. *A Palavra de Deus nas narrativas dos homens*. 2005.

6 *Dei Verbum*, n. 25.

Por isso, nas assembleias litúrgicas, há um livro especial para a Palavra de Deus; um lugar digno de onde a Palavra é proclamada; leitores bem preparados para que a Palavra possa chegar aos nossos ouvidos e ao coração; uma reflexão que nos ajuda a acolher a Palavra no hoje da vida. É a Jesus Cristo que acolhemos quando ouvimos a Escritura e meditamos sobre a Palavra de Deus nela contida.

Embora estejamos acostumados a usar "Palavra de Deus" e "Bíblia" quase como sinônimos, devemos estar conscientes de que a Palavra de Deus não é somente o que está na Escritura. O Concílio Vaticano II recorda que a Escritura e a Tradição formam um depósito único da Palavra[7], que continua a ser comunicado por Deus à humanidade. Então, embora tudo o que está na Bíblia seja Palavra de Deus, nem toda a Palavra de Deus foi registrada pela escrita. O Mistério de Deus é inesgotável: "Deus não nos revelou até onde chega a sua onipotência"[8]. Portanto, a Palavra que a ele se refere também é viva e ultrapassa o que qualquer linguagem humana possa abarcar. Assim, quando falamos da Palavra de Deus, é necessário que tenhamos em mente a Palavra escrita e aquela que vai sendo comunicada e explicitada por meio da Tradição, autenticamente interpretada e atualizada pelo Espírito Santo, por meio do Magistério Eclesial. Neste livro, e sempre que falamos sobre a centralidade da Palavra de Deus na Igreja, é a esse depósito único da Palavra a que nos referimos, em sua dinamicidade de revelação, recepção, interpretação e atualização.

Esta obra reflete sobre a centralidade da Palavra de Deus na Igreja, hoje, à medida que procura explicitar os principais fundamentos do que se tem chamado, nos últimos anos, de *Animação Bíblica da Pastoral* (ABP). Assim, ela distancia-se de uma obra acadêmica para destinar-se a todas as pessoas que estão envolvidas com a ABP nos contextos eclesiais e, também, não se assemelha a um livro sobre a Bíblia e seu conteúdo. Nos capítulos que a compõem, exploraremos alguns fundamentos imprescindíveis para que a Igreja possa comprometer-se sempre mais com a centralidade da Palavra de Deus, entendendo que esse compromisso exige renovação de métodos e atitudes, com criatividade e profecia.

---

7 *Dei Verbum*, n. 10.

8 LADARIA, L. F. *A Trindade*, p. 27.

A Animação Bíblica da Pastoral | 1

O semeador saiu a semear (Mt 13,3).

A Igreja, "o Reino de Cristo já presente em mistério"[9], que marca o mundo por meio da vida dos discípulos de Jesus Cristo, Palavra encarnada, é chamada a cultivar a centralidade da Palavra de Deus como forma de garantir sua orientação perene ao Mestre, em quem está fundada sua missão. O recente chamado do Papa Francisco a que a Igreja recuperasse a sinodalidade como seu *modus vivendi et operandi*[10] é, também, um convite a descentrar-se de si mesma e das referências às quais, ao longo do tempo, fomos nos apegando, para de novo centrar-se, em unidade e comunhão, no único Caminho que é Jesus (Jo 14,6), o *Logos* encarnado. A opção por um modo sinodal de ser Igreja emerge, portanto, como um caminho de conversão rumo à centralidade de Cristo e da Palavra, ambas intimamente relacionadas. Ao mesmo tempo, o discipulado à Palavra vai se mostrando prerrogativa para uma Igreja sinodal, uma vez que, conforme o trabalho da Comissão Teológica Internacional a respeito da sinodalidade na vida e na missão da Igreja:

> [...] tal *modus vivendi et operandi* se realiza através da escuta comunitária da Palavra e da celebração da Eucaristia, da fraternidade da comunhão e da corresponsabilidade e participação de todo o povo de Deus, nos seus vários níveis e na distinção dos diversos ministérios e funções, na sua vida e na sua missão[11].

---

9 *Lumen Gentium*, n. 3.

10 COMISSÃO TEOLÓGICA INTERNACIONAL. *A sinodalidade na vida e na missão da Igreja*, n. 6.

11 COMISSÃO TEOLÓGICA INTERNACIONAL. *A sinodalidade na vida e na missão da Igreja*, n. 70.

Nesse aspecto, a *Animação Bíblica da Pastoral* (ABP), em nossas comunidades, é o serviço à centralidade da Palavra de Deus na vida e na pastoral, fundamental para que a Igreja atenda ao chamado que o Espírito faz de retorno a uma identidade sinodal que não se expresse apenas no nível da reflexão institucional, mas se realize no cotidiano pastoral de cada pequena comunidade. O serviço da ABP busca convidar à conversão à Palavra e fortalecer os vínculos de escuta, observância e anúncio tanto no âmbito pessoal como no âmbito comunitário, tornando todos conscientes de sua própria identidade à luz do discipulado de Jesus e de sua participação efetiva na missão da Igreja, que passa pelo anúncio autêntico da Palavra no mundo de hoje. Animação deve ser compreendida a partir do significado da palavra latina *anima*, que significa alma, espírito, sopro. *Animação Bíblica da Pastoral* significa, então, reanimar a Pastoral, dar-lhe novo impulso, infundir-lhe espírito sempre renovado a partir da referência da Escritura, Palavra de Deus.

Embora a expressão consolidada, especialmente no Brasil e na América Latina, tenha sido *Animação Bíblica da Pastoral*, há que se compreender que a espiritualidade pessoal e a espiritualidade comunitária estão de tal modo interligadas que não é possível pensar o serviço a uma dimensão que esteja isento da outra. É nesse sentido que muitas referências a esse serviço falam em Animação Bíblica da Vida e da Pastoral. A variação das nomenclaturas não é tão importante se não perdermos de vista a unidade indispensável entre espiritualidade pessoal e comunitária na vivência autêntica da fé cristã. Na verdade, trata-se de privilegiar, por meios pastorais, o cultivo da centralidade bíblica na vida individual e na comunidade. Há interdependência sem a qual nenhum processo se sustenta: no serviço pastoral, só será possível alcançar a centralidade da Palavra de Deus se na vida pessoal essa centralidade for presente; da mesma forma, a primazia da Palavra na pastoral favorece o encontro pessoal com a Palavra e, nela, com Jesus Cristo.

A ABP visa favorecer, com a centralidade da Palavra, que a pastoral esteja sempre aberta à escuta do Espírito. Esse serviço, assim, contribui para que a Igreja se mantenha unida à videira para produzir muitos frutos (Jo 15,5). O serviço da ABP parte da Escritura, mas não tem em vista somente a Bíblia, enquanto obra literária composta ao longo do tempo, visto que ela não pode ser compreendida como Palavra de Deus fora da unidade com a Tradição, com quem forma um depósito único, nem sem a unidade com o Magistério, a partir de quem ganha sentido atualizado em nosso tempo. A consciência a respeito dessa unidade ajuda para que a ABP possa representar, também, um serviço à comunhão eclesial, uma vez que coloca em exercício a prática de, em liberdade, sobrepor a pertença às aspirações individuais, especialmente no exercício da interpretação.

Toda a comunidade cristã, em corresponsabilidade, é responsável pela ABP como uma dimensão do compromisso batismal de participar da vida em Cristo Jesus, Verbo encarnado. Mas também se deve compreender que cada pessoa, em nossas comunidades, será destinatária da ABP, uma vez que o mergulho orante na Palavra é prerrogativa para o encontro verdadeiro com Jesus Cristo. Essa busca pelo discipulado à Palavra se manifestará no serviço de cada pessoa a seu modo. Assim, da mesma forma que os ministérios específicos derivam do sacerdócio comum dos fiéis, que tem sua origem no batismo, também as diferentes formas pelas quais a Igreja viverá a centralidade da Palavra no serviço de seus batizados estão associadas, necessariamente, à resposta pessoal ao chamado de Deus. Para dinamizar esse serviço no contexto da pastoral, no entanto, é necessário certo nível de organização. Assim, embora a ABP seja tarefa de toda a comunidade, é importante que haja uma estrutura de liderança nos diferentes níveis da Igreja, dedicada a pensar, com criatividade e coragem profética, iniciativas e atividades que possam dinamizar e anunciar o compromisso com a centralidade da Palavra.

Ainda é comum que a menção a um serviço de *Animação Bíblica da Pastoral* evoque a dimensão formativa a respeito da Escritura. Esse é, porém, somente um dos seus vários aspectos, pois ela está também a serviço da dinâmica de escuta da Palavra de Deus por meio da Igreja, na vida individual e comunitária, com vistas ao desenvolvimento e ao anúncio de um discipulado da Palavra. Essa escuta discipular tem sua origem no acolhimento orante da Palavra escrita e comunicação na Tradição e no serviço obediente às indicações magisteriais a respeito de sua interpretação e de seu anúncio. Com igual ênfase, está orientada à primazia do querigma e ao anúncio com palavras e obras, por meio das quais o Senhor continua fazendo ecoar no mundo sua Palavra.

A reflexão eclesial vem desenvolvendo, portanto, esses aspectos da *Animação Bíblica da Pastoral* que convidam ao discernimento a respeito dos caminhos a que o Espírito convida a Igreja, assim como o modo de enraizá-los nos contextos locais. As bases para essa reflexão institucional estão firmadas pelo Concílio Vaticano II na constituição dogmática *Dei Verbum* (1965), que permite compreender o lugar da Palavra na dinâmica da Revelação. O texto conciliar é o resultado de um longo caminho de amadurecimento na compreensão do valor da Escritura para a Igreja, registrado em documentos anteriores, tais como *Providentissimus Deus* (1893), de Leão XIII; *Spiritus Paraclitus* (1920), de Bento XV; e *Divino Afflante Spiritu* (1943), de Pio XII.

1.1 Animação Bíblica da Pastoral na América Latina e no Brasil

A recepção do Concílio Vaticano II, no que concerne a esse movimento de abertura do acesso de todo o povo de Deus à Palavra, no contexto da América Latina, se fez especialmente por meio da chamada *pastoral bíblica*. No Brasil, suas raízes são inclusive pré-conciliares. Um marco inicial pode ser reconhecido no movimento bíblico de divulgação da Palavra de Deus iniciado com a Primeira Semana Bíblica Brasileira, em 1947, que teve como resoluções a celebração do Domingo da Palavra de Deus e a realização de Semanas Bíblicas Populares. Provavelmente, a realização dessa Primeira Semana aconteceu por influência da publicação da encíclica *Divino Afflante Spiritu* (1943), uma vez que a organização do evento foi iniciativa dos exegetas brasileiros estudantes em Roma à época.

A resolução referente à realização de Semanas Bíblicas Populares fez com que a prática da formação a respeito da Escritura se multiplicasse Brasil afora. Ainda hoje essa prática de incentivo à formação permanece forte em nosso contexto. Por outro lado, a celebração do Domingo da Palavra de Deus próximo à Festa de São Jerônimo também se difundiu pelo Brasil até que, na Arquidiocese de Belo Horizonte, em 1971, fosse celebrado o primeiro Mês da Bíblia, durante todo o mês de setembro. Inicialmente, a dinamização deste mês teve forte apoio dos folhetos preparados por Frei Carlos Mesters, que tinham o objetivo de popularizar a compreensão da Bíblia a partir de seu contexto e também das Irmãs Paulinas[12].

A popularização do acesso à Escritura nesse período da segunda metade do século XX, no entanto, não se resumiu às iniciativas formativas e à celebração do Mês da Bíblia. A prática que protagonizou o período foi a iniciativa dos Círculos Bíblicos, associados às Comunidades Eclesiais de Base. O grande valor dos Círculos Bíblicos sempre foi o de promover a autonomia dos cristãos leigos e leigas para a leitura e a interpretação da Escritura, favorecendo o intercâmbio entre a Palavra meditada e rezada com a Palavra que podia ser lida na vida cotidiana. Assim, o princípio da interação entre fé e vida, nos Círculos Bíblicos, sempre esteve presente, com a prática de iluminar a compreensão bíblica com a vida, para que também a Palavra pudesse lançar suas luzes sobre os desafios e as alegrias vividas.

Ligada a esse contexto está também a contribuição à centralidade bíblica no Brasil que passa a ser oferecida a partir do marco do Documento 26 da Conferência Nacional dos Bispos do Brasil (CNBB), o Catequese Renovada (1983). A reflexão do documento consolidou a prática já arraigada na catequese no Brasil de cultivar a centralidade bíblica, trazendo-a como referência para todo o itinerário catequético. Diz o documento que "a Catequese faz parte do ministério da palavra"[13] e, ainda, que "o uso dos manuais não deve substituir a leitura da Bíblia, livro de catequese por excelência, mas orientar para ela"[14]. Esse vínculo sempre reafirmado entre Bíblia e catequese é uma marca brasileira, legitimada pelo episcopado, que, desde a organização do trabalho pastoral no Brasil a partir da CNBB, sempre cultivou uma dimensão bíblico-catequética – hoje, uma das 12 comissões episcopais permanentes da CNBB.

---

12 Um panorama sobre a história da *Animação Bíblica da Pastoral* no Brasil é feito por Maria Aparecida Barbosa (2012).

13 *Catequese Renovada*, n. 72.

14 *Catequese Renovada*, n. 154.

Portanto, no fim do século XX, no Brasil, a exortação do Concílio Vaticano II a uma abertura cada vez maior à Escritura, que pudesse contribuir para recolocá-la no centro da vida da Igreja, vinha sendo recebida com grande entusiasmo. Podemos dizer que, nesse período, tal recepção estava sustentada por três pilares:

» As iniciativas de formação bíblica, especialmente na perspectiva da leitura popular e libertadora.

» A leitura orante da Palavra por meio dos Círculos Bíblicos e seus métodos próprios, especialmente o círculo hermenêutico fé-vida.

» A ênfase à Palavra dada na celebração do Mês da Bíblia, com a inestimável contribuição da catequese, que firmou o compromisso com a primazia da Palavra.

O início do século XXI trouxe um novo impulso à recepção do concílio e de suas proposições sobre a Palavra de Deus no cotidiano individual e na pastoral. Para nós, esse novo impulso tem como marcos a tríade:

1 V Conferência do Episcopado Latino-Americano e Caribenho, que aconteceu em Aparecida (2007), e seu documento conclusivo.

2 Sínodo sobre a Palavra de Deus (2008), no pontificado do Papa Bento XVI, e o movimento de recepção provocado entre o episcopado brasileiro.

3 Documento conclusivo do Sínodo sobre a Palavra de Deus, a exortação apostólica pós-sinodal *Verbum Domini* (2010) e sua recepção.

Encontramos, no Documento de Aparecida (DAp), uma referência para que possamos compreender a forma como a Igreja pensou a *Animação Bíblica da Pastoral* nessa nova fase, que ajuda a refletir sobre o lugar da Palavra de Deus na vida da Igreja. Trata-se da indicação sobre em que direção o serviço à sua centralidade deverá caminhar:

> Por isso, a importância de uma 'pastoral bíblica', entendida como animação bíblica da Pastoral, que seja escola de interpretação ou conhecimento da Palavra, da comunhão com Jesus ou oração com a Palavra, e de evangelização inculturada ou de proclamação da Palavra. Isso exige, da parte dos bispos, presbíteros, diáconos e ministros leigos da Palavra, uma aproximação à Sagrada Escritura que não seja só intelectual e instrumental, mas com o coração 'faminto de ouvir a Palavra do Senhor' (Am 8,11)[15].

O Documento de Aparecida, portanto, torna-se a principal referência para que possamos pensar a mudança da *pastoral bíblica*, entendida como o serviço a um pequeno grupo de interessados pela Palavra, para um serviço mais abrangente, que rompa a estrutura setorizada, muitas vezes, predominante sobre a organização pastoral para alcançar a todos os batizados e chamá-los ao compromisso pessoal com a Palavra e com a missão que a Igreja tem de anunciá-la. A ideia do Episcopado Latino-Americano e Caribenho é transformar a Animação Bíblica em um serviço dedicado a toda a pastoral, que possa também contribuir para uma nova forma de enxergar a presença da Palavra na comunidade eclesial, uma vez que a dimensão formativa predominava, reconhecendo a Bíblia como livro que precisa ser estudado a fim de que sua mensagem seja traduzida para o ser humano de hoje. Para isso, há três tarefas para a *Animação Bíblica da Pastoral*, segundo o que vimos anteriormente no Documento de Aparecida em seu n. 248:

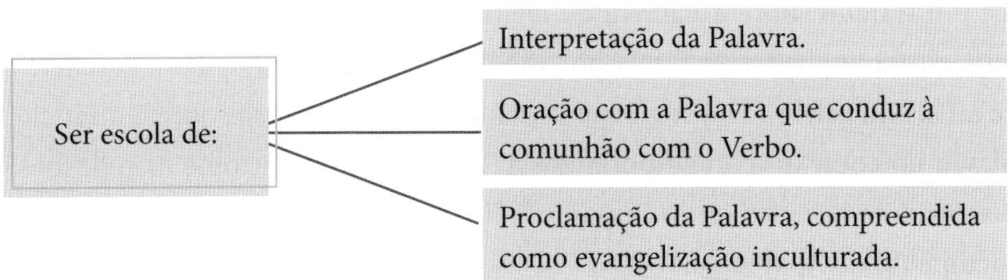

15 *Documento de Aparecida*, n. 248.

É interessante observar que as três tarefas representam o zelo para que a Palavra de Deus seja acolhida na pastoral de maneira integral, sem privilegiar um dos aspectos de sua identidade. Um desafio da ABP torna-se, portanto, realizar esse acolhimento de modo integral, em cenários pastorais diversos.

O Sínodo sobre a Palavra de Deus segue-se à Conferência de Aparecida e, inevitavelmente, absorve muitas de suas contribuições, conferindo-lhes projeção mundial. O episcopado brasileiro, em consonância com o Sínodo, dedicou sua reflexão à Palavra de Deus na vida e na missão da Igreja em duas de suas Assembleias Gerais: a 48ª, em 2010, e a 50ª, em 2012. O fruto dessas reflexões é a publicação do Documento 97, intitulado "Discípulos e servidores da Palavra de Deus na missão da Igreja" (2012).

O breve documento é escrito a partir das contribuições sinodais e gira ao redor da proposição da ABP como esse serviço abrangente a partir da referência anterior da *pastoral bíblica*, organizado naquilo que o texto denomina três eixos – formação, oração, e anúncio –, sem os quais a ABP não será uma realidade. O Documento 97 traz linhas de ação, com proposições práticas em cada uma das três tarefas explicitadas pelo Documento de Aparecida. Essas proposições se tornam um caminho possível para a organização da ABP nas Igrejas locais de modo a facilitar sua operacionalização, a fim de que não seja apenas um ideal futuro, mas, sobretudo, um processo de conversão em curso, verificável em atividades concretas.

Para a Igreja no mundo inteiro, o Sínodo sobre a Palavra de Deus teve suas contribuições registradas na exortação apostólica pós-sinodal *Verbum Domini* (2010), de autoria do Papa Bento XVI. A exortação, elaborada em três partes, tece um tratado sobre a Palavra de Deus a partir da dinâmica de revelação de Deus e contemplação da Igreja por meio das vias de hermenêutica; reflete sobre a Palavra celebrada e seu lugar na vida da Igreja e versa sobre o anúncio da Palavra no contexto contemporâneo. A *Verbum Domini* acolhe as reflexões do episcopado a respeito da *Animação Bíblica da Pastoral*, quase parafraseando o Documento de Aparecida:

> Nesta linha, o Sínodo convidou a um esforço pastoral particular para que a Palavra de Deus apareça em lugar central na vida da Igreja, recomendando que 'se incremente a 'pastoral bíblica', não em justaposição com outras formas da pastoral mas como

> animação bíblica da pastoral inteira'. Não se trata simplesmente de acrescentar qualquer encontro na paróquia ou na diocese, mas de verificar que, nas atividades habituais das comunidades cristãs, nas paróquias, nas associações e nos movimentos, se tenha realmente a peito o encontro pessoal com Cristo que Se comunica a nós na sua Palavra. Dado que 'a ignorância das Escrituras é a ignorância de Cristo', então podemos esperar que a animação bíblica de toda a pastoral ordinária e extraordinária levará a um maior conhecimento da Pessoa de Cristo, Revelador do Pai e plenitude da Revelação divina[16].

Ainda no número 73, a exortação manifesta a esperança do Sínodo de que esse serviço à centralidade bíblica seja a alternativa mediante a qual a Igreja poderá superar diversos desafios, como o fato de a leitura da Escritura nem sempre ser feita segundo um método sério, o que leva à instrumentalização do texto sagrado. Quando a fé se distancia do fundamento da Palavra, seja escrita, seja transmitida pela Tradição, diz a exortação, provoca-se um vazio pastoral no qual podem se enraizar outras propostas, alheias à verdadeira identidade das comunidades eclesiais. Assim, a exortação convida toda a Igreja a se dedicar à formação de pequenas comunidades em que se possa fomentar a proximidade, a escuta e a leitura comunitária da Palavra, a fim de que, especialmente num tempo de crise, a comunidade cristã continue sendo referência no mundo, a partir do enraizamento da Palavra de Deus como referência fundamental.

O pontificado do Papa Francisco estabeleceu continuidade com as proposições do Sínodo sobre a Palavra de Deus. Após o Sínodo sobre a nova evangelização para a transmissão da fé cristã (2012), o Papa Francisco propôs ao mundo a exortação apostólica *Evangelii Gaudium*. Já naquele momento, a Igreja em todo o mundo reconheceu o texto da exortação como o conjunto de prerrogativas que guiariam o pontificado de Francisco. Nela, o Santo Padre determinava sua forma de compreender a centralidade da Palavra na evangelização:

> Toda a evangelização está fundada sobre esta Palavra escutada, meditada, vivida, celebrada e testemunhada. A Sagrada Escritura é fonte da evangelização. Por isso, é preciso formar-se

16 *Verbum Domini*, n. 73.

> continuamente na escuta da Palavra. A Igreja não evangeliza, se não se deixa continuamente evangelizar. É indispensável que a Palavra de Deus 'se torne cada vez mais o coração de toda a atividade eclesial'. A Palavra de Deus ouvida e celebrada, sobretudo na Eucaristia, alimenta e reforça interiormente os cristãos e torna-os capazes de um autêntico testemunho evangélico na vida diária. Superamos já a velha contraposição entre Palavra e Sacramento: a Palavra proclamada, viva e eficaz, prepara a recepção do Sacramento e, no Sacramento, essa Palavra alcança a sua máxima eficácia[17].

Não só a *Evangelii Gaudium* representou o compromisso do Papa Francisco com a centralidade da Palavra, como também sua recente valorização dos ministérios laicais a serviço da Palavra, com a abertura do Ministério de Leitor às mulheres e a instituição do Ministério de Catequista; com a presença do tema nos textos de seu magistério, especialmente a Carta Apostólica *Scripturae Sacrae Affectus*; e, principalmente, com sua capacidade de traduzir a Palavra de Deus em anúncio querigmático, nas suas orações, homilias, discursos e, sobretudo, em seu modo de agir profético.

A Conferência Nacional dos Bispos do Brasil (CNBB), em sua função de zelar pela comunhão da Igreja no Brasil com a Igreja em todo o mundo, por meio da fidelidade à Igreja de Roma, continuou a impulsionar a conversão da *pastoral bíblica* em *Animação Bíblica da Pastoral* nas Igrejas locais, em nosso país. Ainda em 2011, realizou o I Congresso Nacional de Animação Bíblica da Pastoral, em Goiânia (GO); manteve presente, nas Diretrizes Gerais da Ação Evangelizadora da Igreja no Brasil, a prioridade do empenho pastoral em favor da centralidade da Palavra em nossas comunidades, refletindo sobre ele em diferentes oportunidades; voltou a propor uma reflexão sobre as propriedades da ABP no contexto nacional ao publicar o Documento 111: "E a Palavra habitou entre nós" (Jo 1,14): *Animação Bíblica da Pastoral* a partir das Comunidades Eclesiais Missionárias (2022).

---

17 *Evangelii Gaudium*, n. 174.

O Documento 111 representou um acolhimento amadurecido do caminho que a Igreja no Brasil vinha fazendo desde a Conferência de Aparecida e o Sínodo sobre a Palavra. Esse documento tornou possível compreender bem os desafios que a proposta da ABP encontrava, esclarecendo o que precisa ser feito para superá-los. Uma de suas principais contribuições foi perceber como a escola de interpretação, oração e anúncio poderia se realizar no Brasil. Nessa perspectiva, a partir da inspiração bíblica da Parábola do Semeador, o documento refletiu sobre os desafios da semeadura e sobre os terrenos próprios da Igreja em nosso país. O texto destaca, por exemplo, como um desses terrenos, a piedade popular, que vem sendo, ainda em nosso tempo, uma forma eficaz de traduzir a Palavra em uma linguagem orante que propicia a aproximação e o cultivo de uma efetiva espiritualidade bíblica entre o povo. Por outro lado, o documento percebe o quanto o terreno dos pobres permanece um lugar de evangelização que exige o testemunho profético de atenção à Palavra, de testemunho da caridade fraterna e de anúncio da esperança cristã.

O serviço que a ABP representa para a Igreja é a expressão de um comprometimento com a centralidade da Palavra em todos os âmbitos da fé que deve ser assumido por todos os sujeitos eclesiais. Essa centralidade deve expressar-se como ponto de partida, como sustento no caminho e também como horizonte para o qual rumamos. Dessa forma, a Palavra de Deus deverá estar sempre presente em tudo aquilo que se refere ao anúncio da fé, à sua acolhida, à sua celebração e à sua expressão na vida pessoal, comunitária e missionária. Os desafios são muitos, e também expressivos, e qualquer atitude ou reflexão eclesial que não esteja ancorada na Palavra de Deus será sempre como uma casa construída sobre a areia: estará restrita às aparências, mas não será capaz de sustentar a experiência cristã comunitária e o compromisso necessário para a autêntica pertença e testemunho da fé. Mas também são expressivos os testemunhos de compromisso com a Palavra e entusiasmo missionário presentes em grande parte das comunidades eclesiais, como fruto da experiência verdadeira de tantas pessoas e comunidades que encontraram o caminho do discipulado missionário de Jesus Cristo no serviço à Palavra.

Dado que a *Animação Bíblica da Pastoral* representa um amadurecimento das expressões teológicas e pastorais das antigas formas de *pastoral bíblica*, ela também precisa configurar-se como um serviço próprio de um tempo, a saber: a pós-modernidade em que vivemos. O indivíduo pós-moderno carrega consigo uma identidade profundamente marcada pela exacerbação de algumas características trazidas pela modernidade, tais quais: a contestação das instituições, dos discursos preestabelecidos, a liberdade de pensamento e de questionamento das convenções e a valorização do eu em detrimento do nós.

No exercício de sua profecia, a Igreja, reunida no Concílio Vaticano II, posicionou-se como uma Igreja peregrina neste tempo, não com um discurso condenatório, mas acreditando na pós-modernidade como um tempo aberto ao acolhimento do Espírito e do Evangelho. Também de maneira dialógica deve portar-se a *Animação Bíblica da Pastoral* nesse contexto, uma vez que é a Palavra de Deus a rocha firme sobre a qual se sustentam nossas comunidades eclesiais a fim de que possam apresentar-se ao mundo de hoje como o lugar de segurança e esperança tão buscado. Assim, a atualização de linguagens e métodos pastorais permanece sendo o grande desafio. A exegese avança e cresce quanto mais avançam os métodos científicos e as descobertas culturais e arqueológicas. Mas a grande dificuldade permanece sendo que a Igreja estabeleça interlocução com o ser humano de hoje, a fim de propor-lhe a Palavra de Deus como o Caminho.

Desafios para a leitura da Bíblia hoje | 2

Este povo me honra com os lábios,
mas o coração está longe de mim
(Mt 15,8).

A Igreja peregrina, em sua ação pastoral e evangelizadora, precisa lidar com os desafios históricos que se impõem sobre a sociedade, porque está enraizada em um local, em um tempo e é feita de pessoas que lidam cotidianamente com tais contingências e são, inclusive, condicionadas por elas. Esses desafios se tornam uma questão central para a *Animação Bíblica da Pastoral* (ABP), uma vez que seu serviço é comunicar a Palavra às pessoas de hoje, o que não se faz por meio de estruturas ou métodos enrijecidos e atemporais.

Em um cenário intraeclesial, a proposição de ampliar a abrangência da *pastoral bíblica* tornando-a um serviço a toda a Pastoral nem sempre foi bem compreendida por muitos. Por outro lado, alguns dos que compreenderam esse convite ainda não conseguiram discernir o caminho para sua efetiva realização, dada a persistência de modelos pastorais antigos, tais quais pastorais excessivamente setorizadas ou o modelo de pastoral de conservação, na qual a criatividade para novos caminhos de evangelização fica negligenciada. De certa maneira, especialmente no contexto brasileiro, os que estão envolvidos com a ABP em nossas comunidades e viveram os tempos áureos da *pastoral bíblica* sonham com o retorno daquele modelo de celebração e anúncio da Palavra de Deus que, embora tenha sido autêntico em seu tempo, não responde mais à totalidade dos desafios contemporâneos nem à nova antropologia que caracteriza o tempo presente. Nesses contextos, a conversão da *pastoral bíblica* em ABP exige a superação dos antigos modelos de pastoral e, com criatividade e coragem, a proposição de caminhos que sejam tão novos quanto inspirados na longa tradição de anúncio inculturado da Palavra que marcou a história da Igreja.

Não só os desafios intraeclesiais se impõem sobre a ABP, mas também os que marcam a sociedade contemporânea. É claro que o advento da pós-modernidade trouxe consigo alguns marcos que são ambíguos: representam, ao mesmo tempo, ganhos e perdas, possibilitam avanços na técnica, nas ciências e nas comunicações, por exemplo, mas operam retrocessos nas relações interpessoais. Assim, não se trata de propor uma visão pessimista da contemporaneidade, mas é preciso reconhecer que as comunidades eclesiais brasileiras sofrem, mais que nunca, o impacto dessas contingências. Uma delas é a urbanização. Ela não é um fenômeno restrito às grandes cidades, mas atinge também as comunidades que existem em pequenos centros ou áreas mais rurais, imprimindo uma nova ordem de vida sobre as pessoas: horários de trabalho mais extensos, o cansaço que o ritmo da vida contemporânea traz sobre todos, a velocidade da circulação de informações, o advento da era digital e os desdobramentos que ela traz sobre o ser humano contemporâneo e suas relações.

Isso traz impactos para a vivência do cotidiano pastoral que se revelam, por exemplo, na experiência dos Círculos Bíblicos: enquanto os encontros durante a noite, em dias úteis, eram possíveis às pessoas que mantinham um ritmo doméstico de vida, entre os que não trabalhavam fora ou não demoravam no trajeto trabalho-casa, hoje, os horários de trabalho alternativos e o extenso tempo de deslocamento das pessoas até suas casas, devido ao trânsito ou às longas distâncias, em muitos contextos, torna inviável esse modelo de encontros para refletir a Palavra. Sem contar que o estresse, a poluição sonora, visual e do ar e o ritmo acelerado que imperam nas grandes cidades implicam que o pouco tempo que a pessoa tem em casa seja dedicado às atividades particulares e a estar com a família, por exemplo, restringindo a possibilidade de dedicação às atividades comunitárias.

Uma alternativa encontrada para a subsistência dos Círculos Bíblicos, especialmente durante a Pandemia da Covid-19, foi a utilização do ambiente virtual, com o qual novos desafios chegam:

Como manter a mística orante diante das telas?
Como preservar a dimensão comunitária da experiência mesmo com encontros virtuais?
Quais adaptações são possíveis sem que se perca a essência da experiência comunitária da leitura orante da Palavra?
Quão essencial à prática dos Círculos Bíblicos é o encontro das pessoas?
Será que é possível renunciar a esse elemento da reunião?
Como compensar sua falta?

Essas são questões que, em cada contexto, receberão respostas distintas e que, portanto, não podem ser resolvidas de maneira categorizada.

Ainda, entre os desafios, encontra-se o fato de que à novidade da vida urbana combina-se a intensificação dos efeitos da pós-modernidade sobre a antropologia de hoje: o ser humano sofre, mais que nunca, com os efeitos da derrubada das certezas preestabelecidas e do questionamento das autoridades institucionais. Nesse processo, os questionamentos geram a liberdade de pensamento e de escolhas e também indivíduos mais conscientes da fé que professam. Por outro lado, também são produzidos resultados negativos no âmbito de um questionamento constante das instâncias de segurança, o que pode desencadear: a perda de referências, a ansiedade, um sentimento de constante insegurança (desde a segurança pública até a dos discursos), uma busca desesperada por referências absolutas.

Essa realidade faz com que uma parcela da sociedade tenha posturas contrárias à pós-modernidade e às vantagens que ela pode trazer ao ser humano de hoje, assumindo os discursos radicalistas que idealizam um retorno à segurança que existia no passado, por exemplo. O fenômeno da perda de referências faz com que também a Bíblia deixe de ser reverenciada em seu lugar de referência para a fé e, principalmente, para a conduta. Quantas pessoas hoje não conseguem fazer uma experiência de oração profunda com a Palavra? Quantos não conseguem contemplar a beleza da Palavra escrita e transmitida, mas buscam fontes de espiritualidade até mesmo fora da tradição cristã? Quantos desdenham do Evangelho como regra de vida, mas estão prontos a recuperar práticas de mortificação e preceitos ainda mais penosos e não essenciais à vida cristã autêntica?

O outro lado da moeda da crise de referências é o fenômeno atual da recusa à mediação da interpretação do Magistério da Igreja. Se, por um lado, há cristãos que interpretam o texto bíblico segundo seus próprios métodos porque desconhecem que a autêntica interpretação está no exercício da comunhão com o Magistério, há também aqueles que relativizam essa mediação e com base em discursos de *influencers* e opiniões próprias. A autorreferencialidade não tem sido um problema tão grande quanto a substituição das figuras de autêntica referência por aquelas que parecem ganhar chancela das mídias sociais, por saberem usar a favor de sua autopromoção as ferramentas novas das redes. Na Igreja, também a crise de credibilidade do discurso institucional e do testemunho profético são mazelas do nosso tempo que impedem que a Palavra seja anunciada com eficácia. O descompasso entre anúncio e vivência torna os discursos vazios e incapazes de interpelar os corações, convidando à escuta da Palavra.

A contemporaneidade é marcada também pelas fragmentações, pela fluidez e pelo imediatismo, inclusive nas identidades e nas relações. O ser em constantes mudanças, que construía sua identidade fundamentada na experiência histórica da vida, deu lugar ao ser que muda repentinamente todos os dias, que escolhe a cada dia uma diferente identidade para si. Por outro lado, as relações também perderam o senso de eternidade ou o compromisso com a solidez; e influenciadas pelos modelos mercadológicos, as relações têm sido cada vez mais baseadas na troca e nos ganhos, fatores estes que se entrelaçam à experiência humana. Isso enfraquece a dimensão comunitária da fé, em vista da qual a Bíblia é lida na Igreja. Quando lemos a Bíblia com a Igreja, nem sempre estamos em comunidade, mas carregamos conosco a dimensão comunitária e as relações que estabelecemos, de tal modo que o fruto da leitura e da meditação alcancem a existência dos irmãos.

O imediatismo e as relações mercadológicas da sociedade fazem retornar uma concepção da fé em que as coisas que me acontecem são sempre proporcionais às minhas atitudes e escolhas: ou são castigos, ou são prêmios que se recebem imediatamente neste mundo. Torna-se cada vez mais difícil anunciar o Eterno, pregar a esperança e convidar a uma experiência de fé firmada sobre o que virá. O ser humano de hoje tem dificuldades para acreditar em promessas abstratas, para as quais não há confirmações ou indícios concretos. O que será do anúncio da Palavra se nosso mundo não for capaz de acolher o anúncio da Esperança, o anúncio do Reino?

No campo da linguagem, o advento de uma nova antropologia traz consigo alterações significativas. Para a análise bíblica, isso se reflete, sobretudo, na dificuldade contemporânea de pensar e comunicar por meio da linguagem simbólica. Se, no passado, a tarefa dos estudos bíblicos era desvendar o significado dos símbolos usados na Bíblia para que fossemos capazes de compreendê-la; hoje, a tarefa da Igreja – para além do estudo acadêmico da Bíblia – deve ser a de formar o povo para pensar e ouvir a linguagem simbólica por meio da qual a fé é elaborada e transmitida. Robert Alter, crítico literário estadunidense que tem se dedicado ao estudo da Bíblia como literatura, afirma, a respeito desse limite contemporâneo, que "uma das principais dificuldades com que nós, leitores modernos, esbarramos para ver com nitidez a dimensão artística da narrativa bíblica é justamente o fato de que perdemos as chaves das convenções que a enformam"[18].

Grandes limites na compreensão contemporânea da Bíblia são produto do desenvolvimento de uma oposição entre a linguagem objetiva e a linguagem simbólica, que serviu aos interesses da modernidade, dada a exacerbada busca pela linguagem objetiva e técnica submetida à nova ordem prevalente a partir desse período. Também, como efeito da nova ordem econômica industrializada, surge a oposição entre o *logos* – linguagem objetiva, técnica – e o *mythos* – linguagem em perspectiva simbólica, que é encenada e celebrada pelo rito comunitário.

Podemos compreender o *logos* como a linguagem que se refere aos fatos, às informações. É uma linguagem prática, mais associada à descrição e à objetividade. O *mythos* corresponde a uma forma de imaginar e interpretar o mundo e os acontecimentos, sobretudo, a partir das metáforas. Por isso, distancia-se do *logos* porque não é descritivo ou objetivo, pelo contrário, é subjetivo e procura levar cada pessoa, por meio da linguagem falada e das histórias contadas, a uma experiência individual no mundo e na história[19].

Ao passarmos da modernidade à pós-modernidade, deparamo-nos com o desafio de estar diante de um cenário muitas vezes alheio ao mecanismo de narração mítica, responsável por criar e sustentar comunidades. O filósofo Byung-Chul Han, em sua obra *A crise da narração* (2023), reflete sobre os impactos dessa crise, própria ao nosso tempo. Para ele, "as histórias, que carregam valores e normas, vinculam intimamente as pessoas"[20] porque "as narrativas criam coesão social. Elas contêm propostas de sentido e transportam valores constitutivos de uma comunidade"[21]. A narrativa tem o poder, portanto,

---

18 ALTER, R. *A arte da narrativa bíblica*, p. 79.

19 ARMSTRONG, K. *Breve história do mito*, p. 67.

20 HAN, B-C. *A crise da narração*, p. 121.

21 HAN, B-C. *A crise da narração*, p. 123.

de unir as pessoas em uma visão de mundo própria e em um sistema em que o diálogo e a abertura ao outro são as formas comuns de relacionamentos, porque estando todos envolvidos em uma mesma narrativa fundamental, as diferenças interpessoais não são vistas como ameaças. Há uma forma ainda mais agregadora de narração que é o mito.

Na estrutura do mito, a narração é sempre acompanhada do rito, que a atualiza, faz com que ela seja celebrada e, de certo modo, sacralizada por aquela cultura, elevando ainda mais a força dos vínculos que ela promove e o sentimento de sentido que os membros daquela comunidade encontram em suas narrativas. Tendo perdido a capacidade de narrar mitos, perdemos também os mecanismos de coesão social e, então, encontramo-nos em uma sociedade cada vez mais fragmentada e individualista. Para a leitura bíblica, isso é fundamental. Ela é a narrativa bíblica que insiste na tarefa de formar comunidades dialogais; e, se alguém decide transmiti-la com a objetividade e a técnica próprias do *logos*, poderá gerar efeitos catastróficos.

Mas a pós-modernidade tem questões ao redor da linguagem que transcenderam a oposição *mythos-logos*. Em sua obra, Han faz também uma distinção entre a narração e a informação. Para ele, enquanto a informação fala das contingências da vida, da sociedade e do tempo, a narração permite ao ouvinte encontrar sentido para todas essas contingências. A perda da capacidade de narrar histórias e, com elas, promover a coesão social, nos abandona, como indivíduos solitários e desorientados, à comunicação de informações as quais não sabemos gerenciar. Ao lado disso, a nova linguagem das redes privilegia cada vez mais os modelos de textos e vídeos curtos, que bombardeiam seus usuários com conteúdos diversos e imediatamente alternados; as redes sociais dedicadas a textos limitam o número de caracteres e comportam apenas textos curtos. Imersos nesse universo, condicionamos o nosso cérebro de tal modo que a grande maioria de nós se torna incapaz de concentrar-se o tempo todo em um Evangelho mais longo que seja proclamado na Liturgia – tanto mais em homilias que não são somente longas, mas entediantes ou mal preparadas.

Em contraste com a rapidez da circulação de informações e da ampliação do acesso à educação básica em quase todo o mundo, ainda é grande o número de analfabetos funcionais, ou seja, de pessoas que até sabem ler, mas não são capazes de converter os textos lidos em significados. Isso não se restringe ao povo simples ou aos que não tiveram acesso à formação acadêmica; mas também está entre os instruídos, no clero, entre aqueles que se fecharam à comunhão eclesial e, por isso, não avançam na leitura e na interpretação com a comunidade e com as reflexões de determinados pregadores. Os efeitos dessa limitação também incidem sobre as concepções de Igreja, as práticas e a normatividade que derivam de uma leitura do texto sagrado que não foi bem-feita, chegando ao ponto de deturpá-lo.

Ao lado dos analfabetos funcionais cresce o número dos descartados pela sociedade: moradores de rua; vítimas da miséria e da violência doméstica; refugiados; idosos abandonados à solidão; pessoas que sofrem as consequências do tráfico e dos vícios; desempregados; pessoas que sofrem diferentes preconceitos; povos originários, que têm seus direitos cada dia mais ameaçados. Há também os que dentro da Igreja são excluídos, marginalizados, sofrem o clericalismo. De outro lado, a ganância humana nos levou ao limite da exploração da Casa Comum e hoje corremos o risco de ultrapassar uma fronteira de exploração que, uma vez cruzada, tornará impossível nossa vida sobre a Terra. A persistência desses sinais de morte entre nós esvazia a credibilidade do nosso discipulado à Palavra diante da sociedade de hoje e é uma das mais expressivas ameaças ao anúncio da Palavra em nosso tempo. Por outro lado, somente a coragem de viver uma profecia verdadeiramente bíblica será capaz de habilitar-nos para um anúncio capaz de transformar tais realidades.

Embora o reconhecimento dos desafios próprios do nosso tempo seja importante, não queremos sugerir uma visão negativa ou pessimista, que, inclusive, pode alimentar certas retrotopias, ou seja, "visões instaladas num passado perdido/roubado/abandonado, mas que não morreu, em vez de se ligarem a um futuro 'ainda todavia por nascer'"[22]. As mudanças que caracterizam a contemporaneidade também trazem avanços significativos. No âmbito eclesial, as pessoas de hoje, como nunca, têm à mão seus exemplares da Sagrada Escritura – até mesmo, com diferentes traduções à disposição; há grande produção científica que favorece um conhecimento vasto sobre a Bíblia e seu contexto; há preocupação pastoral

22 BAUMAN, Z. *Retrotopia*, p. 10.

com a formação para a leitura, a oração e o anúncio da Palavra de Deus; a celebração da Palavra presidida por leigos e leigas sustenta a vida de fé de muitas comunidades brasileiras que não podem celebrar semanalmente a Eucaristia, por falta de ministros ordenados; a catequese e a liturgia continuam a oferecer grande contribuição na centralidade da Palavra; o testemunho de sinodalidade e coerência com o Evangelho de muitos do povo de Deus marca o mundo com os sinais de um anúncio inculturado da Palavra. Na sociedade, a rápida circulação de informações favorece que todo o povo de Deus acompanhe de perto as reflexões magisteriais; as redes levam formação bíblica até comunidades mais distantes; a tecnologia torna ainda mais acessíveis os textos sagrados em suas diferentes versões, favorecendo a leitura pessoal e a meditação comunitária, inclusive favorecendo a acessibilidade a pessoas com deficiência.

No que diz respeito ao campo específico da interpretação bíblica, as contribuições da modernidade foram significativas, mas também a resistência contra suas proposições iniciou um movimento que, ao longo do tempo, foi permeando cada vez mais a leitura popular da Bíblia. De um lado, o método histórico-crítico e os métodos científicos dele derivados trouxeram nova luz, que permitiu compreender a Bíblia de um modo renovado, evidenciando os processos históricos que construíram o texto bíblico, para além da exegese alegórica que era a marca dos Padres da Igreja e de alguns santos e pregadores da Idade Média; de outro, tais contribuições foram vistas como uma profanação do texto sagrado, uma aliança inaceitável entre a fé e a ciência. Entendidos como produtos da modernidade, os métodos científicos foram julgados por muitos como veículos de dessacralização da Sagrada Escritura que deveriam ser condenados e abolidos. Essa resistência contra a modernidade impactou o cristianismo de diversas formas. Com o avanço da era moderna e a chegada à era pós-moderna, essas resistências se intensificaram em muitos casos e geraram movimentos sistematicamente organizados e abrangentes tanto no campo cristão protestante quanto no campo católico.

2.1 A leitura fundamentalista da Bíblia

O fundamentalismo surge como um movimento religioso no campo protestante estadunidense já desde o fim do século XIX e vai, aos poucos, ampliando seu alcance e suas expressões em todo o mundo. O movimento começa com líderes protestantes nos Estados Unidos e se intensifica a partir da publicação da série de textos *The Fundamentals: A Testimony to the Truth* (Os fundamentais: um testemunho em favor da verdade), entre 1909 e 1915, que trazia um conjunto de verdades de fé que deveriam ser defendidas das "ameaças" da modernidade e proclamadas por todos os verdadeiros fiéis[23].

Embora o termo fundamentalista tenha adquirido um significado pejorativo com o passar do tempo, os primeiros fundamentalistas se orgulhavam desse título, uma vez que ele expressava a intenção de fidelidade aos fundamentos da fé e, assim, reivindicava certa autoridade para aqueles que o praticavam. O movimento fundamentalista não se restringiu à leitura dos textos sagrados, embora neste livro seja esse o aspecto que nos interessa. O fundamentalismo crê que todo o mundo precisa ser transformado por esses ideais e, por isso, a aliança com a política se torna uma de suas características principais. No Brasil, especialmente nas primeiras décadas do século XXI, essa aliança tem sido vista com grande força, com religiosos fundamentalistas ocupando inúmeros lugares entre os cargos públicos e ganhando, com tais discursos, grande parte do eleitorado.

Esse breve olhar histórico sobre os fatos nos ajuda a compreender que a prática de leitura fundamentalista da Bíblia sempre existiu, especialmente como fruto da ingenuidade ou da falta de formação a respeito de métodos adequados para ler o texto bíblico. É no século XX, porém, que ela se torna uma prática característica de um movimento religioso e passa a ser instrumentalizada com finalidades específicas. Ainda, é importante compreender que a forma de leitura bíblica fundamentalista, hoje, não é exclusividade do mundo protestante, mas está fortemente presente também no campo católico e em outras tradições religiosas.

---

23 DREHER, M.N. *Fundamentalismo*, p. 82.

O fundamentalismo bíblico caracteriza-se pela intenção de não interpretação do texto bíblico. Chamamos de leitura fundamentalista aquela leitura ao pé da letra, que busca um sentido literalista para o texto. Aqui há que se ter certo cuidado para que a busca pelo sentido literal do texto não seja confundida com a leitura literalista. A Pontifícia Comissão Bíblica, no documento *A interpretação da Bíblia na Igreja* (1993), faz a distinção entre os dois sentidos. Vejamos:

O **sentido literal** é aquele que de fato "foi expresso diretamente pelos autores humanos inspirados"[24]. Ele só pode ser alcançado por intermédio dos processos interpretativos. É um dos sentidos que a Escritura pode oferecer, assim como também é um dos sentidos em que pode ser procurado o sentido espiritual. A Pontifícia Comissão coloca em relevo o caráter histórico de tal sentido, que embasa a possibilidade de atualização do texto bíblico em diferentes épocas e culturas:

> Um texto escrito tem a capacidade de ser colocado em circunstâncias novas, que o iluminam de maneiras diferentes, acrescentando ao seu sentido novas determinações. Esta capacidade do texto escrito é especialmente efetiva no caso dos textos bíblicos, reconhecidos como Palavra de Deus. Efetivamente, o que levou a comunidade de fiéis a conservá-los foi a convicção que eles continuariam a ser portadores de luz e de vida para as gerações vindouras. O sentido literal é, desde o início, aberto a desenvolvimentos ulteriores, que se produzem graças a "releituras" em contextos novos[25].

O **sentido literalista**, por outro lado, é esse sentido ao pé da letra que caracteriza o fundamentalismo. Os fundamentalistas acreditam ser possível interromper o processo da leitura antes que o leitor possa interpretar, para que haja, assim, uma espécie de acesso puro ao que Deus comunicou, não mediado pela interpretação humana e os pressupostos que ela traz consigo, sequer pela criação

---

24 PONTIFÍCIA COMISSÃO BÍBLICA. *A interpretação da Bíblia na Igreja*, p. 95.

25 PONTIFÍCIA COMISSÃO BÍBLICA. *A interpretação da Bíblia na Igreja*, p. 96.

humana que originou os textos. Essa forma de leitura não se sustenta como uma busca válida porque a Bíblia foi construída como literatura, como criação artística. Portanto, ela exige interpretação para que se possa chegar a um sentido possível. Mais do que isso, na leitura eclesial da Escritura, professamos a certeza de que é o Espírito aquele que mediou a Palavra de Deus entre a Revelação e a criatividade dos autores sagrados e, portanto, é também ele quem faz a tradução da palavra que lemos para que nela sejamos capazes de ouvir a Palavra que Deus fala. O Espírito não faz isso por revelação sobrenatural ou mágica, mas pelo processo de leitura em que atuam a inteligência e o conhecimento humanos assistidos pela graça de Deus comunicada no Espírito.

A Pontifícia Comissão Bíblica, em seu documento *A interpretação da Bíblia na Igreja*, aborda o fundamentalismo como uma ação perigosa ao atrair as pessoas a buscarem na Bíblia respostas aos seus problemas. Essa ação fundamentalista pode conduzir a interpretações ilusórias, a uma forma de suicídio do pensamento[26]. Essa reflexão é significativa no contexto da fé cristã católica especialmente pela força da palavra. Na verdade, aqueles que optam pelas leituras fundamentalistas realmente renunciam à sua capacidade de pensar e, a partir de sua inteligência e sabedoria de vida, contemplar a Palavra em sua forma mais sublime: encarnada na vida e no cotidiano, onde suas palavras se tornam sinais sensíveis. Pode-se indagar o porquê da escolha pelo fundamentalismo, se ele constitui, assim, uma perversão da prática interpretativa de acesso à Palavra de Deus pela mediação da interpretação. Há, no entanto, duas formas distintas de prática do fundamentalismo que devem ser identificadas: o fundamentalismo ingênuo e o fundamentalismo instrumentalizado[27].

O fundamentalismo ingênuo é aquele praticado pelas pessoas a partir, como o próprio nome diz, da ingenuidade daqueles que gostariam de ler a Bíblia de maneira mais fiel e creem alcançar esse objetivo sendo literalistas. Essa forma de leitura, geralmente, é fruto do desconhecimento do texto, do despreparo para interpretar e da sedução pela repetição de interpretações prontas e proferidas

26 PONTIFÍCIA COMISSÃO BÍBLICA. *A interpretação da Bíblia na Igreja*, p. 86.

27 PRADO, J. L. G. *O fundamentalismo*, p. 365.

por líderes que parecem ter mais autoridade na leitura do texto bíblico. Por isso, a formação para essa leitura deve buscar formar indivíduos com autonomia para ler a Bíblia e interpretá-la. No contexto eclesial, no entanto, é preciso que essa autonomia seja construída não só com relação aos métodos existentes da exegese, da leitura, das ciências históricas, mas também e principalmente *para ler a Bíblia com a Igreja.*

O fundamentalismo que mais preocupa é o instrumentalizado. Esse é praticado por aqueles que exercem algum tipo de liderança e percebem que a instrumentalização dessas formas de leitura contribui para fazer crescer o seu poder sobre os outros, no controle do pensamento, do discurso e da conduta. Isso acontece porque, quanto menos as pessoas têm capacidade de lerem sozinhas e interpretarem, mais dependentes elas se tornam de uma figura de liderança que possa ler para elas e assim abrir os tesouros da Palavra. O nosso povo tem sede da Palavra! O fundamentalismo instrumentalizado não tem razão em si mesmo, como método, e é uma prática que geralmente está a serviço de outros fatores:

» A retrotopia como tentativa de retorno a uma utopia de equilíbrio passado que garantiria o resguardo da moral e das tradições antigas da Igreja – o que costuma-se chamar tradicionalismo.

» A ascensão de muitos *digital influencers* que se apropriam desse modelo como exercício de poder no lugar da liderança religiosa: o fundamentalismo serve a esse modelo porque é um discurso combativo e suficientemente raso para caber nos poucos minutos dos conteúdos digitais.

» As formas mercadológicas de viver a fé e as celebrações de grandes massas que, geralmente, reúnem pessoas que procuram a Igreja quando estão fragilizadas e querem uma palavra de conforto.

Em geral associado a uma leitura intimista, o fundamentalismo faz a pessoa olhar só para si, sem grandes chamados à ética ou à responsabilidade social, favorecendo a relação de mercado: se eu cumpro o que Deus manda, então ele atenderá ao meu pedido e, se ainda não atendeu, é porque eu não fiz o que Ele havia pedido. Daí aquela sensação de que "Deus falou para mim".

Uma ferramenta do clericalismo que ameaça a sinodalidade da Igreja é o fundamentalismo instrumentalizado, isso porque infantiliza a vivência da fé das pessoas, impedindo que elas encontrem, à luz da própria experiência de fé, os caminhos para viverem o seu discipulado à Palavra. Não saber ler a Palavra implica não saber rezar nem anunciar a Palavra, e implica que a pessoa dependa de outros para isso. Não estamos tratando aqui da transmissão da fé: precisamos que outros nos ensinem a Palavra, sim; mas não podemos depender de que outros a leiam ou a interpretem por nós. No entanto, é preciso ter meios adequados para ler coerentemente. Para isso, na Igreja, há critérios para que a interpretação forme um corpo eclesial, a fim de evitar que cada um leia do seu jeito, desordenadamente, e leia à luz de diretrizes que formem indivíduos capazes de ler a Palavra a partir de suas experiências e memórias. Daí a importância de que todos não só tenham a Bíblia em mãos como também saibam rezar com ela a partir de uma adequada leitura, que seja, ao mesmo tempo, enraizada em sua vida, fiel ao Magistério, ancorada nos resultados dos métodos científicos. Assim, mais que formar os ministros ordenados para tal leitura, é urgente que se fomente a autonomia de todo o povo para uma leitura crítica da Escritura que, ao mesmo tempo, contribua para o cultivo da comunhão eclesial.

A análise dos efeitos que o fundamentalismo tem provocado pelo mundo demonstra que a defesa metafísica de uma verdade absoluta faz com que, necessariamente, a verdade das leituras diversas seja enxergada como uma ameaça. O fundamentalismo assume, assim, atitudes de demonização do diferente, fazendo com que afirmações diversas sejam combatidas e condenadas. Acontece que essa forma de lidar com o diferente acaba por influenciar outros campos do relacionamento interpessoal. A interpretação forma comunidades e forma os indivíduos que as compõem. Acostumar-se a uma leitura combativa como essa, especialmente no campo religioso, leva ao costume de entender todas as diferenças como ameaças e não como dons. Isso conduz à violência nas atitudes e nos discursos.

A leitura fundamentalista, mesmo partindo da intenção de radicalizar a fé por meio da Palavra de Deus e da crença de que o rigor de seus praticantes conduzirá a sociedade a Deus, na realidade gera o movimento inverso: ela acaba fomentando a secularização. Isso começa porque, ao tratar a Bíblia como um livro que deve ser lido ao pé da letra, isento da interpretação, o fundamentalismo a relega à categoria da informação, do *logos*, negando seu caráter mítico e simbólico. Além de ser fruto da hipervalorização da linguagem tecnicista sobre a linguagem simbólica, essa postura diante do texto revela também o anseio por um caminho facilitado de seguimento. É mais fácil seguir orientações e informações do que se responsabilizar por uma leitura subjetiva. Ao tratar a Bíblia como um livro de informações, o fundamentalismo esvazia o aspecto mítico de sua narração. Esse movimento não se restringe ao campo da interpretação, mas impacta, inclusive, o campo da celebração da fé. Enquanto encena e atualiza a narrativa, o rito tem sua significação absolutamente dependente da narrativa mítica que conforma determinada comunidade. Se a Bíblia é retirada do seu lugar de narração mítica, há algo que possa sustentar o significado do rito?

2.2 Influência x Evangelização

O século XXI apresenta um desafio para a evangelização, especialmente para o anúncio da Palavra, cujos efeitos só poderão ser absolutamente examinados a longo prazo. Esse desafio refere-se à forma como a nova lógica das redes sociais se impõe sobre o ser humano contemporâneo, criando uma nova ordem no que se refere aos relacionamentos, à cultura, à territorialidade, às comunicações, à circulação de informações, ao mercado e a todos os âmbitos da vida no planeta. De modo geral, o lugar que as redes sociais ocupam na contemporaneidade tem criado um novo paradigma antropológico, uma nova forma de ser humano em nosso tempo.

Nossa geração, os chamados *millennials*, nascidos entre 1981 e 1995[28], é a última entre os que se ambientam bem no mundo digital, mas que conheceu e viveu confortavelmente em um mundo analógico. Nós nos comunicávamos por cartas, telefones públicos e depois pelos telefones fixos. Fizemos nossas pesquisas de colégio nas enciclopédias das bibliotecas, tínhamos que renovar os empréstimos mediante registros feitos à mão nas fichas afixadas nos versos dos

28 HAIDT. J. *A geração ansiosa*, p. 14.

livros e rebobinávamos as fitas dos filmes que alugávamos por um preço razoável nas locadoras, nos fins de semana. Mas nós nos habituamos rapidamente à navegação na internet discada, nos adaptamos aos trabalhos não mais escritos à mão, mas digitados e impressos, e hoje temos toda a vida registrada em nuvens. Transitamos bem entre o e-mail e o WhatsApp, e as inúmeras *calls* por Zoom fazem parte da nossa rotina.

As gerações anteriores, no entanto, são aquelas que, com dificuldade, precisaram se adaptar ao digital. A exigência do acesso à internet para serviços básicos e rotineiros ou o entretenimento das redes sociais e mesmo as facilidades do mundo digital fizeram com que, necessariamente, elas se adaptassem – mas não sem grande esforço. Ainda hoje, para alguns, muitas funcionalidades do digital são um mistério; para outros, o mundo digital ainda é um planeta desconhecido.

Por outro lado, as gerações mais novas são absolutamente nativas digitais: parecem ter nascido sabendo muito bem operar um celular ou *tablet*, estão habituadas, desde cedo, às câmeras dos *smartphones* e os aplicativos de mensagens e redes sociais são partes fixas de sua rotina. Isso não quer dizer que estejam absolutamente no controle das ferramentas digitais de trabalho, mas são absolutamente dependentes delas para mobilidade urbana, comunicação interpessoal e, principalmente, para o estabelecimento de relações interpessoais. Esse arraigamento do mundo digital na vida analógica é responsável, inclusive, por muitos novos distúrbios psicossociais, tais quais: ansiedade, distúrbios de autoimagem e a chamada *nomofobia*, o medo excessivo de ficar sem o celular.

Essas diferenças intergeracionais no que se refere ao mundo digital impõem sobre a evangelização novas questões. Primeiro, em nível institucional, os que pensam a evangelização e indicam os caminhos para o anúncio da Palavra no mundo atual pertencem, geralmente, às gerações *Baby Boomers* (décadas de 1940 a 1960) e *Geração X* (décadas de 1960 a 1980). Embora encontrem destinatários do anúncio em várias fases da vida, já reconheceram a grande dificuldade de atingir aqueles que pertencem às gerações mais recentes, os *Millennials* (nascidos entre 1985 e 1999) e os mais novos: a *Geração Z* (nascidos entre 2000 e 2010), também chamados de *Gen Z*. Propõe-se que uma nova geração, a geração alfa, seja a dos nascidos a partir de 2010. À evangelização destes últimos, ainda novos desafios se apresentarão. Mas o psicólogo Jonathan Haidt defende que uma nova geração só se configurará após a mudança das condições de ansiedade que marcam a geração presente[29].

É muito provável que essa dificuldade de comunicação esteja ao redor não somente de uma questão de linguagem falada ou escrita. Haidt afirma que os nascidos na *Geração Z* foram "cobaias de uma maneira radicalmente nova de crescer e que é muito distante das interações em comunidades pequenas no mundo real"[30]. Portanto, há, entre os mais novos, uma nova forma de compreender o mundo presente, reconhecer a si mesmo e pensar o futuro. Além disso, a consciência cada vez mais ampliada a respeito da neurodiversidade vem exigindo da Igreja formas cada vez mais personalizadas de anúncio da Palavra, com linguagens e métodos próprios.

Enquanto, antes, a ideia de sucesso estava associada à formação profissional, que podia durar cerca de 10 a 12 anos, contando o tempo de graduação até o doutorado e, assim, se esperava construir uma carreira duradoura, que pudesse proporcionar um emprego estável para toda a vida, hoje, a Gen Z sonha com um trabalho nas redes sociais, que amanhã pode não existir mais, mas gera um lucro imediato para os que conseguem se tornar *influencers*, criando um padrão de vida totalmente elevado em relação às pessoas que trabalham em serviços comuns, inclusive nas áreas de prestação dos serviços básicos, como educação e saúde. Diante dessa ambição pelo imediato que traz um retorno financeiro rápido, mas que depende da construção de uma imagem virtual nem sempre correspondente ao real, como anunciar o Evangelho? Como falar da esperança cristã para aqueles que sequer querem planejar o que será de sua vida daqui a 10 anos? Como equilibrar os discursos sobre eternidade e vida humana para aqueles que sofrem as dicotomias entre vida real e virtual?

À fé cristã, baseada na Palavra de Deus revelada, a nova configuração que o mundo digital possibilitou às relações humanas é uma interpelação alarmante. As relações humanas sempre foram dificultadas pelas diferenças interpessoais

29 HAIDT, J. *A geração ansiosa*, p. 14.

30 HAIDT, J. *A geração ansiosa*, p. 15.

e pela tendência humana de entendê-las como ameaças, ainda que isso tenha tido efeitos diversos nos diferentes períodos históricos. A fé cristã sempre teve a missão e o desafio de educar as pessoas para um relacionamento interpessoal ditado pelas lógicas evangélicas do amor, da compaixão, do diálogo e da alteridade. O aprendizado dessas virtudes, que principiava pela escuta da Palavra de Deus, na Escritura e na Tradição, era aperfeiçoado nos laboratórios das relações na família, na comunidade e no mundo do trabalho e da sociedade, em que cada cristão é chamado a viver o seu batismo.

A lógica das redes sociais, no entanto, insere nessa dinâmica de relações a virtualidade, que nem sempre será um campo em que as virtudes evangélicas poderão ser efetivamente exercitadas e postas em prática, mas, em muitos casos, serão simuladas e darão a falsa sensação de estarem sendo praticadas. O diálogo e o amor fraterno se realizam de verdade na convivência diária que revela o melhor e o pior que há em cada um, as razões sobre as quais podemos ancorar esse amor e as razões que o tornam um desafio. Quando a convivência pode ser interrompida com um simples *unfollow*, ou seja, um deixar de seguir, não há fraternidade sendo posta em exercício, pelo contrário, vai se dando a naturalização de uma prática de eliminação do diferente, que é totalmente antagônica ao Evangelho. A evangelização supõe anúncio pessoal, mesmo com o auxílio das redes, em um anúncio que entrelaça a Palavra à convivência diária, à proximidade. Assim, embora ela possa valer-se do digital para a dinâmica de aproximação, não poderá restringir-se a esse ambiente.

A evangelização, ao fazer uso do espaço digital, há que ter presente que os algoritmos das redes sociais – uma ferramenta digital responsável por compreender os interesses de diferentes usuários e selecionar os conteúdos mais relevantes com base nesses interesses – são baseados em uma lógica de mercado, mais precisamente, nas lógicas de *marketing* e vendas. Os conteúdos que ganham a propulsão dos algoritmos e, portanto, são entregues a um número maior de pessoas, com base na presunção de algum interesse dos usuários, são os que melhor se vendem, segundo a lógica própria do algoritmo. Há, nessa lógica, dois elementos que chamam atenção e precisam ser examinados diante do anúncio da Palavra nas redes.

O primeiro deles é relacionado ao próprio conteúdo, cuja projeção nas redes é proporcional ao nível de discussão que é capaz de gerar. O chamado engajamento – alto número de curtidas, comentários e compartilhamentos – é o que torna valiosa para a publicidade determinadas publicações nas diferentes redes sociais. Publicações mais engajadas ganham as graças do algoritmo – uma espécie de deus virtual que conhece as preferências de seus usuários por meio de suas buscas e interações e apresenta para esse mesmo usuário conteúdos que podem lhe interessar. Acontece que a linguagem que costuma engajar – e, por isso, é um recurso para que determinados conteúdos sejam mais entregues pelos algoritmos – é a linguagem combativa, que gera polarizações, polêmicas e discordâncias. Publicações dialógicas não engajam. Assim, a linguagem da Palavra de Deus acaba sendo, naturalmente, desfavorecida pelos algoritmos.

O segundo deles refere-se à própria figura do *influencer*. Geralmente, os usuários das redes sociais que ganham um grande número de seguidores e têm seus conteúdos impulsionados pelos algoritmos são denominados influenciadores. Estes se sustentam por meio das redes – em muitos casos, com um padrão de vida muito acima da média de seus seguidores, até mesmo luxuoso – porque são bons vendedores. Vivem das chamadas *publis*, absurdamente bem pagas por diversas empresas. Vivem da publicidade de produtos, marcas, cursos e até da publicidade de uma imagem pessoal ou de um padrão de vida e de pressupostos morais de conduta, que são vendidos, de modo velado ou não, aos seus seguidores. Quanto mais confusa for a diferenciação entre o virtual, apresentado nas redes – que passa a ser objeto de desejo pelos seguidores – e o real que está por trás das câmeras, melhor o mecanismo da influência. Isso porque o bom *influencer* é aquele que tem maior poder de persuasão: é o que melhor sabe persuadir seus seguidores a desejarem o produto, a pessoa, o discurso, o padrão de vida que apresentam, incutindo essa necessidade em seu inconsciente para que ele compre – com dinheiro ou outra moeda de troca –, ainda que esse objeto de desejo seja insustentável no recorte da vida real. A influência digital, quando falamos dos *influencers* que detêm um alto número de seguidores, baseia-se na persuasão, cujas estratégias podem levar a formas de violação da liberdade.

É aí que a dinâmica da influência se torna avessa à evangelização. Isso porque a evangelização é, sempre, proposição. É uma apresentação de Jesus Cristo feita de maneira personalizada, que busca apresentá-lo conforme Ele pode ser percebido como sentido que, pessoalmente, cada um busca para sua vida, mas que preserva absolutamente a liberdade pessoal de adesão ou recusa. A persuasão excessiva que visa conduzir a pessoa a uma prática que ela não escolheria por si mesma é frequente nas estratégias de influência nas redes. No entanto, ninguém pode persuadir alguém à adesão ao discipulado de Jesus, sob pena de tornar ilusória essa adesão. Como veremos adiante, ela é que sustentará todo o caminho discipular que a pessoa fará a partir dessa primeira adesão. Então, se ela não for feita na liberdade, em algum momento ela se mostrará incapaz de sustentar as renúncias e as escolhas próprias do amadurecimento da vida em Cristo.

Se voltarmos à reflexão de Byung-Chul Han, veremos que uma das razões da crise contemporânea de narrativas é a sua transformação em produto de mercado. E essa transformação está atingindo o discurso religioso presente nas redes. Para Han, em uma comunidade constituída a partir de uma narrativa, não há a necessidade da circulação de informações, porque a informação é "aditiva e cumulativa [...], não é portadora de sentido", enquanto a narração "transporta o sentido"[31]. Em uma comunidade narrativa, impera o silêncio e a harmonia tranquila daqueles que se conhecem, sabem de onde vieram e, por isso, também entendem suas diferenças. Hoje, vivemos em uma sociedade diametralmente oposta: não contamos histórias, mas informamos excessivamente:

> Postamos, compartilhamos e curtimos, aquela 'contemplação ritual' que ratifica o conteúdo coletivo da consciência, dá lugar ao barulho da comunicação e da informação. A comunicação barulhenta silencia totalmente aquele 'canto' que sintoniza os moradores da aldeia em uma história e, assim, os une. Essa comunidade sem comunicação dá lugar à comunicação sem comunidade[32].

Na sociedade contemporânea, nós não mais contamos histórias, porque as vendemos: "o *storytelling* [contar histórias] como *storyselling* [vender histórias]

31 HAN, B-C. *A crise da narração*, p. 14.

32 HAN, B-C. *A crise da narração*, p. 122.

não produz uma comunidade narrativa, mas uma sociedade do consumo"[33]. Segundo o autor, nenhum *storyselling* será capaz de transportar o sentido para os indivíduos contemporâneos e conduzi-los ao encontro uns com os outros, pelo contrário, entendendo a narração como mercadoria, isola as pessoas atrás de suas telas como consumidores solitários, destinatários.

> Os 'stories' nas redes sociais, que na verdade nada mais são do que representações de si mesmo, isolam as pessoas. Ao contrário das narrativas, eles não geram proximidade nem empatia. Em última instância, eles são informações visualmente embelezadas que tornam a desaparecer após um curto período. Eles não narram, mas anunciam. A busca por atenção não cria uma comunidade. Na época do *storytelling* como *storyselling*, narração e anúncio são indistinguíveis. Nisso consiste a presente crise da narração[34].

Assim, a comunicação da Palavra de Deus, nas redes e para além delas, deverá estar comprometida com a restauração dessa forma de narração que comunica sentido e forma comunidades dialogais, onde reinam o diálogo e o silêncio diante do outro, porque as diferenças não assustam. Todo aquele que entra na dinâmica das redes deverá estar comprometido com um anúncio da Palavra que desfaça as amarras da lógica que impera nas redes – isto é, de transformar todo discurso em *storyselling*, ou seja, em venda de algo. Assim, aquele que deseja ser evangelizador não pode ter como ambição de vida tornar-se *influencer*, em seu sentido corrente, utilizando-se dessas metodologias indiscriminadamente, porque isso não condiz com sua missão. Evangelização e pastoreio não são influência, porque Jesus Cristo e a comunidade de fé não são produtos. No entanto, é possível nos depararmos com evangelizadores e pastores que ganharam seguidores com a projeção do seu testemunho nas redes, sem proporem a venda da fé sob a forma de cursos e produtos, nem assumirem como sua principal meta o aumento progressivo do número de seguidores e alcance – o que significa monetização – e a promoção de sua própria imagem.

---

33 HAN, B-C. *A crise da narração*, p. 127.

34 HAN, B-C. *A crise da narração*, p. 119.

Há que se ter equilíbrio, portanto, para pensar a evangelização nas redes. Na mensagem para o Dia Mundial das Comunicações Sociais de 2024, o Papa Francisco diz, a respeito das redes sociais, que "compreendemos a sua ambivalência, constatando a par das oportunidades também os riscos e as patologias". Mas é com profecia que, desde o princípio do seu pontificado, ele orientou a Igreja a entender o ambiente digital como um lugar de evangelização. Na sua primeira mensagem para o Dia Mundial das Comunicações Sociais, em 2014, ele já afirmara:

> Tenho-o repetido já diversas vezes: entre uma Igreja acidentada que sai pela estrada e uma Igreja doente de auto-referencialidade, não hesito em preferir a primeira. E quando falo de estrada penso nas estradas do mundo onde as pessoas vivem: é lá que as podemos, efetiva e afetivamente, alcançar. Entre estas estradas estão também as digitais, congestionadas de humanidade, muitas vezes ferida: homens e mulheres que procuram uma salvação ou uma esperança. Também, graças à rede, pode a mensagem cristã viajar 'até aos confins do mundo' (At 1,8).

Ainda nessa mensagem, o Santo Padre demonstrou em que sentido a presença dos fiéis católicos deve se dar nas redes: consiste em privilegiar que o anúncio nas redes seja em vista da cultura do encontro, cultivar a proximidade e a abertura respeitosa e amorosa ao outro. Também nisso consiste o anúncio da Palavra nas redes. Antes de mais nada, o comprometimento com a Palavra é uma profecia contra as *fake news*. As águas mais profundas a que o Senhor nos convida a avançar podem ser as águas muitas vezes revoltas pelo movimento lastimável das falsas histórias que têm por objetivo enganar e confundir as pessoas, chamadas de *fake news*, de autopromoção, de transformação da fé e da Palavra em mercadoria. Acalmam as pessoas nessa tempestade a Palavra ecoada do próprio Jesus: palavra de encontro, de compaixão, de comprometimento com a verdade e com o outro, de silêncio e de diálogo. É Ele quem nos oferece os parâmetros, os valores, que não nos deixam condicionar pelas regras e preconceitos que nos impeçam de ignorar o próximo.

A Palavra de Deus se faz escritura | 3

Quão doces ao meu paladar são tuas promessas, mais que o mel à minha boca! (Sl 119,103).

Grande parte dos desafios à leitura da Bíblia são provenientes de um desconhecimento a respeito do processo de sua constituição enquanto obra literária unificada, da forma como hoje nós podemos encontrá-la nas prateleiras das livrarias e nos púlpitos das Igrejas. A má compreensão da doutrina da inspiração, ou até mesmo da crença de que a Bíblia é Palavra de Deus inspirada, faz com que muitos acreditem que Deus a ditou da forma como hoje ela está em nossas mãos. O texto bíblico, no entanto, é fruto de um complexo processo de construção histórica, cuja compreensão é fundamental para que se possa entender a correta medida da interpretação.

A Sagrada Escritura nasce no contexto da fé de Israel no Deus único. Podemos entender que a Bíblia surge com o povo de Israel, especialmente com os primeiros Patriarcas cuja história é narrada no Livro do Gênesis, porque sua história será estruturante para toda a narrativa bíblica. Mas essa história bíblica não nos fornece dados precisos; não é construída como relato histórico. Segundo as pesquisas arqueológicas, até o período narrado no Livro de Josué (por volta dos anos 2000-1200 a.C.), Israel era um pequeno assentamento na região montanhosa da Samaria, localizada na região mais ampla do Levante, entre o Egito e a Mesopotâmia.

No Levante, vários povos começavam a ser formados como pequenos grupos populacionais e o nome de Israel já era reconhecido entre esses grupos na chamada Estela de Merneptá, uma pedra com inscrições encontrada em um túmulo de Tebas e que data de 1208 a.C. Israel pode ter surgido com a fundação de povoados pequenos entre as cidades-estado cananeias já estabelecidas na região, a partir de dissidentes dessas mesmas cidades-estado ou, até mesmo, de grupos de fora que migraram para a região, unindo-se ao Israel emergente. A pesquisa recente situa esse surgimento de Israel como pequenos povoados a partir do século XII a.C., ou seja, ainda mais tardiamente do que os fatos narrados no Livro de Josué. Por que, então, a história bíblica recua até Abraão para contar a origem do povo? Como as histórias precedentes ao surgimento do povo são conhecidas e registradas por escrito?[35].

A origem das Escrituras está na oralidade. As primeiras narrativas bíblicas, em especial as do Gênesis e do Êxodo, eram histórias dos antepassados daqueles que deram origem ao povo de Israel e que ficaram guardadas na memória coletiva como textos importantes para a definição de sua identidade, à diferença dos povos vizinhos. Nenhuma dessas histórias do princípio do Antigo Testamento foram escritas enquanto ocorriam, por exemplo, como relatos jornalísticos, mas nasceram como narrativas orais: foram contadas e recontadas, de geração em geração, nos ambientes familiares. Tornaram-se lendas sobre homens e mulheres do passado, a quem ninguém havia conhecido, mas a quem deviam sua identidade enquanto povo e, sobretudo, sua fé no Deus único. A escrita não era uma opção para o registro das memórias dos antepassados nessa época e é sua importância que fez com que elas permanecessem vivas na memória coletiva e não se perdessem com o passar das gerações.

A oralidade dá lugar à escrita em uma época de crise para o povo, uma crise especialmente religiosa. Após a organização de Israel nesses pequenos povoados, seu crescimento e seus líderes vão, pouco a pouco, unificando as diferentes tribos e formando os reinos que conhecemos por meio das narrativas do primeiro e do Segundo Livro de Samuel e do primeiro e do Segundo Livro dos Reis. Por volta do século X a.C., Saul, Davi e Salomão reinaram sobre as Tribos de Israel de maneira unificada. A aceitação desses reinados está especialmente associada à proteção que seus exércitos podiam oferecer sobre as fronteiras, crescendo, assim, todo o aparato religioso ao redor do culto a YHWH, o Deus único. Após a morte de Salomão, as tribos do norte e as tribos do sul passaram a ser lideradas como reinos distintos – Israel, ao norte; Judá, ao sul – às custas de diversas disputas por poder.

Os primeiros profetas surgem nesse tempo, como figuras de mediação entre a religião e o poder político, evitando excessos e deturpações. Ao progresso político, correspondia também uma intensificação da cobrança de impostos – que

35 PEETZ, M. *O Israel bíblico*, p. 72.

serviam para custear as grandes obras e sustentar os vastos exércitos necessários para manter a integridade das fronteiras –, o que gerava uma desigualdade social crescente. Esse cenário era avesso ao ideal da fé no Deus único, cuja perspectiva ética era zelada pelos profetas. Em Israel e Judá, entre os séculos VIII-VI a.C., predominava um sentimento de falsa segurança: eles acreditavam que, por serem o povo eleito por Deus, nada de ruim lhes poderia acontecer, afinal, seu Deus era maior que os outros deuses. Então, ainda que eles não observassem corretamente a Lei de Deus, ainda que não cumprissem suas obrigações de vassalagem para com os povos circunvizinhos, nada de ruim lhes poderia acontecer. As lutas internas pelo poder e a divisão do reinado, no entanto, enfraquecem ambos os reinos de modo que, nos séculos seguintes, serão tomados pelo poder estrangeiro.

O Reino de Israel é o primeiro a sucumbir diante do poder Assírio, em 722 a.C., com a queda da Samaria. O território era importante por conta do acesso facilitado da região mesopotâmica ao Egito. Após a tomada do território de Israel, Judá, que parecia ser um conjunto de tribos ainda mais primitivas, não foi de grande interesse para as nações ao redor e, então, pôde desfrutar de certo tempo de paz e tranquilidade. Durante esse período, o Rei Josias fez uma reforma religiosa, centralizando o culto em Jerusalém – o que levou à valorização do Templo como a casa de Deus entre os homens – e incentivando a recuperação e até mesmo a escrita de algumas tradições antigas. Josias, com sua reforma, relembrara a seu povo a beleza da fé no Deus único, destacando especialmente três de seus pilares: a Terra na qual habitavam, dada pelo próprio Deus aos antepassados; o trono que os governava, isto é, a linhagem autêntica de Davi preservada; e o Templo, casa de Deus entre eles, imagem de toda a grandeza divina, de onde Deus garantia sua proteção.

Em 597 a.C., a Babilônia marcha sobre Judá e leva, por meio de deportações, membros das elites, entre os quais, provavelmente, o Profeta Ezequiel; em 587 a.C., uma nova invasão, ainda mais violenta, resulta na destruição da cidade e do Templo e em uma nova deportação das elites; em 582 a.C., novamente outra deportação. Com sua terra devastada, seu Templo arruinado e o trono interrompido, o Exílio Babilônico representaria uma crise transformadora entre os exilados, atingindo, especialmente, sua forma de viver a fé no Deus único. Muitos habitantes de Judá, evitando o exílio, fugiram para territórios próximos como o Egito; outros, não foram levados para a Babilônia, permanecendo na terra devastada, o que acarretou condições de vida ainda piores do que as dos exilados.

Em alguns aspectos, pode-se dizer que a vida dos exilados, aos poucos, foi se acostumando com a nova realidade. Alguns chegaram a receber terras que podiam ser cultivadas e sua situação econômica foi melhorando gradativamente[36]. Mas a crise religiosa era insuperável: por um lado, Deus parecia destruído pelo deus babilônico, seu Templo estava arrasado, seu povo estava deportado; por outro, se Deus não havia sido destruído, então havia abandonado seu povo e se esquecido das alianças antigas. A religiosidade recém-reformada por Josias estava ameaçada, porque se sustentava sobre marcos que já não existiam mais: a terra, o trono e o Templo. É da crise, porém, que os exilados produzirão um novo Judaísmo. O tempo do exílio será um tempo de introspecção e revisão da religiosidade, amparada pela mensagem profética, que convidará a uma forma mais organizada e mais fiel de religiosidade, ancorada em marcos de identidade que poderiam ser vividos onde quer que eles estivessem.

Assim, o período do Exílio Babilônico, que se estenderá por quase todo o século VI a.C., será o tempo do desenvolvimento dos chamados marcos de identidade móveis: são formas pelas quais o povo poderá demonstrar sua identidade religiosa, de maneira independente da habitação na Terra dada a seus antepassados. Um exemplo é a circuncisão. Ela já era uma prática comum entre os povos vizinhos a Israel, mas não com obrigatoriedade ritual. Assim, torna-se obrigatória a circuncisão dos bebês do sexo masculino como sinal de sua consagração ao Deus único. Outro exemplo de tais marcos de identidade são as prescrições alimentares, que podiam ser praticadas em qualquer lugar. A recuperação de preceitos antigos também se faz importante nesse período: a observância do sábado, por exemplo. Ao que tudo indica, o sábado já era reconhecido como o Dia do Senhor, mas não vinha sendo guardado com tanto rigor. Essa observância passa a ser um marco de identidade.

---

36 PEETZ, M. *O Israel bíblico*, p. 192-3.

Enfim, como resultado da necessidade de firmar e preservar a identidade religiosa de Israel à diferença de outros povos, surge a consciência a respeito da necessidade de registrar, pela escrita, as tradições antigas, até então guardadas apenas na memória e na oralidade do povo. Com a separação de muitas famílias, com os casamentos mistos e a morte de muitos entre os mais velhos do povo, os exilados, e também aqueles que ficaram na terra devastada, veem ameaçadas as suas tradições antigas. O contato com as narrativas babilônicas também contribui para percepção de que outros povos têm narrativas distintas sobre a origem das coisas com base nos seus próprios deuses. A fim de evitar que essas histórias se sobrepusessem à verdade conhecida pelos exilados, foi sendo cada vez mais fortalecida a ideia de que a Palavra comunicada de pai para filho deveria se tornar escritura.

É assim que a Palavra de Deus, confiada à primeira aliança, passa a ser registrada pela escrita. No retorno do exílio, no período persa, as primeiras décadas serão totalmente dedicadas à reorganização do culto e à escrita das tradições antigas. No século V a.C., portanto, é que se escrevem as tradições sobre os Patriarcas e o Êxodo, que, historicamente, devem remontar aos séculos XX-XIII a.C. Decorre disso, portanto, que a maior parte do Antigo Testamento não tenha sido escrita para narrar os fatos históricos, mas para ensinar às futuras gerações o que era importante aprender e acreditar sobre sua própria identidade, como sujeitos pertencentes a uma comunidade de fé. Essa intenção marca a Bíblia, desde o início, como projeto literário, e perdurará sobre toda a literatura que se constituirá nesse contexto até o Novo Testamento. Também os evangelistas, por exemplo, não pretenderam escrever, simplesmente, uma biografia sobre Jesus. Mais que isso, por meio do anúncio de Jesus Cristo, eles pretenderam ensinar à comunidade dos que iam sendo evangelizados e se tornavam discípulos quem eles eram à luz da fé no Filho de Deus encarnado.

O filósofo francês Paul Ricœur denomina esse processo de construção dos textos literários de *mythos*. Para o autor, o *mythos* é o processo da tessitura do passado, que tem por objetivo tornar compreensível o presente e projetar o futuro. Assim, para Ricœur, o *mythos* é o processo de organização das intrigas que mimetiza – ou seja, imita – a experiência temporal[37]. Para os estudos bíblicos, essa proposta é interessante porque nos leva a compreender que não somente os primeiros capítulos do Gênesis são mitos, como a exegese já vem reconhecendo há bastante tempo; tampouco podemos classificar os textos bíblicos como mitos somente com base no envolvimento de personagens-animais e fatos fantásticos.

Se seguimos a definição de Paul Ricœur, o mito é mais que uma classificação de modelo narrativo, é o processo pelo qual as narrativas são produzidas e esse processo está presente em toda a narrativa bíblica, do Antigo ao Novo Testamentos. Então, ainda que não possamos dizer que toda a narrativa bíblica seja mito enquanto forma narrativa, podemos dizer que são compostas segundo o processo do *mythos*, conforme sugere Paul Ricœur.

Dessa interpretação e reescrita do passado decorre a vasta utilização de imagens e metáforas para descrever o indescritível. Para referir-se a realidades que a linguagem não é capaz de traduzir, ou reconstruir um passado que não pode ser simplesmente trazido para o presente por meio da linguagem, os autores bíblicos muitas vezes usaram a metáfora, que é capaz de permitir alguns acessos aos leitores do presente a um passado historicamente perdido. Isso porque a metáfora utiliza de uma imagem conhecida e familiar para conduzir ao conhecimento e à interpretação do desconhecido. É uma porta para o desconhecido, aberta pela interpretação de quem escreve.

Nesse sentido, alguns pesquisadores da literatura, entre os quais o crítico literário Umberto Eco, prestam uma grande contribuição à leitura da Bíblia, dizendo que a metáfora – ou seja, essa ferramenta de comparação que permite compreender o que é intraduzível em palavras – pressupõe um contexto de referência e até um contexto de releitura[38]. Exemplo disso é que podemos comparar o amor de Deus ao amor materno. Há muitas metáforas que se referem a essa comparação em nossa linguagem de fé. No entanto, ela só será compreensível para aqueles que conheceram um amor de mãe ideal, tiveram suas mães ao longo da vida e foram amados e amparados por sua proteção. A mesma afirmação pode gerar uma compreensão diferente para aqueles que

---

37 RICOEUR, P. *Tempo e narrativa*, p. 65.

38 ECO, U. *Os limites da interpretação*, p. 127.

foram abandonados pela mãe ou não tiveram essa referência de amor. Alguns dos símbolos e metáforas na Bíblia, portanto, funcionaram entre seus primeiros ouvintes e leitores porque apoiavam-se em sentidos comuns em seu tempo; hoje, porém, já não comunicam a nós o mesmo sentido, porque vivemos em outro tempo e outro contexto.

Acontece que, sendo uma porta aberta a partir da interpretação do escritor, o leitor só poderá percorrer o mesmo caminho pretendido pelo autor se for capaz de decifrar a metáfora tal qual ela foi utilizada. Nos estudos literários, compreendemos que a intenção do autor não prevalece sobre o ato interpretativo. Portanto, o leitor pode ressignificar a metáfora da forma como bem entender, mas isso pode gerar interpretações que não cabem no contexto de significação criado pelo autor. Mas, se o ato interpretativo é livre, não há como controlar esse risco.

Deriva disso o grande cuidado que a leitura bíblica, hoje, deve ter com relação à interpretação dos textos, especialmente em seu caráter metafórico e mítico. O estudo histórico e contextualizado dos textos bíblicos, situados em sua época de redação, vai tornando mais fácil a compreensão da metáfora em seu tempo e da correta medida em que ela pode ser atualizada para a leitura nos dias de hoje. Também na escolha do *mythos* e da metáfora como modos de compor as narrativas bíblicas revela-se a inspiração bíblica. Escritas de outro modo, como relatos históricos fidedignos, por exemplo, talvez as narrativas bíblicas não fossem um suporte tão eficaz para a liberdade da Palavra de Deus que, sendo tão antiga, é também sempre nova, sempre viva e eficaz (Hb 4,12).

3.1 A Bíblia como literatura

A mesma modernidade que gerou uma série de reações de resistência gerou, também, um vasto campo de estudos científicos sobre a Bíblia. Desde os métodos histórico-críticos e estruturalistas – que levaram em conta, respectivamente, os contextos mais amplos da historicidade do texto e das estruturas linguísticas que o compunham – vários campos do conhecimento se dedicaram a oferecer contribuições à crítica e à interpretação da Bíblia, para além da circunscrição teológica e eclesiástica. Ganharam destaque e se desenvolveram, portanto, os métodos histórico-críticos e estruturalistas. Grande contribuição a esse desenvolvimento deram as descobertas arqueológicas, que foram permitindo conhecer manuscritos e cópias mais próximas das originais, que evidenciaram as transformações históricas pelas quais haviam passado os textos antigos até que se apresentassem conforme as edições contemporâneas. Também os diferentes cânones existentes na história permitem avançar na consciência de que a Bíblia, conforme a lemos nos cânones hoje disponíveis, não nasceu como um projeto fechado, mas a partir da reunião de diferentes livros e escritos que, de início, não mantinham necessariamente um vínculo. Os autores das cartas neotestamentárias, por exemplo, provavelmente jamais poderiam imaginar que seus textos um dia seriam lidos em uma edição única, junto à Torá, como Livro Sagrado.

A segunda metade do século XX assistiu a uma virada no campo hermenêutico com a contribuição dos Estudos Literários para a análise da Bíblia. Em 1947, o crítico literário estadunidense Erich Auerbach publicou *Mimesis: a representação da realidade na literatura ocidental*. Nessa obra, Auerbach (2021) dedicou o primeiro capítulo a um estudo comparado entre a literatura homérica e o Livro do Gênesis, capítulo 22, tratando a Bíblia como obra literária. Essa iniciativa abriria um novo espaço para o estudo da Bíblia na literatura, especialmente a partir de suas contribuições para a literatura ocidental, e traria para a teologia novos aparatos críticos que permitiriam o aprofundamento da compreensão a respeito da Escritura.

Auerbach foi seguido por importantes estudiosos no campo da literatura. Harold Bloom, por exemplo, considerou a Bíblia como uma das principais obras do seu Cânone Ocidental, defendendo que grande parte do imaginário ocidental se deve à obra bíblica. Em diversas obras, o autor trabalha os textos bíblicos, como em *O livro de J*, *Abaixo as verdades sagradas* e *Jesus e Javé: os nomes divinos*. Robert Alter, com seu clássico *A arte da narrativa bíblica* (2007), difundiu a análise literária com um método de leitura para a Bíblia. Alter trabalhou as narrativas de casamento do Antigo Testamento, por exemplo, a partir do padrão narrativo presente na obra homérica, identificando sua ocorrência e as implicações de sua transgressão para o sentido das narrativas. Examinou a alternância entre discurso direto e indireto na construção de personagens bíblicos e propôs a análise da centralidade de alguns conceitos no Gênesis a partir da ocorrência de palavras-chave no texto hebraico. Ambos foram seguidos por Northrop Frye, cuja obra principal – *O Código dos Códigos* – é referenciada por praticamente todos aqueles que praticam a leitura literária da Bíblia.

Diversos autores, na literatura ou na teologia, apropriaram-se dessas primeiras contribuições para aprofundar no estudo da Bíblia, que agora não estava voltado só às implicações históricas sobre o texto – o que era próprio aos métodos histórico-críticos – ou ao uso da linguagem – como era comum nos métodos estruturalistas – mas, a partir da história e da linguagem, lançava luzes sobre a Bíblia na dinâmica de comunicação entre autor e leitor. É verdade que o interesse da literatura sobre a Bíblia resulta de um processo de dessacralização e questionamento do texto, e reforça essa posição. Hoje, a Bíblia pode ser lida por qualquer pessoa, crente ou não. Mas esse chamado de atenção para a Bíblia como criação literária também renovou a forma como a religiosidade a enxergava: em palavras tão humanas, Deus se revelou à humanidade.

O pressuposto da interpretação bíblica é que, como obra literária, o texto bíblico assume uma multiplicidade de interpretações possíveis. Não há uma única interpretação válida do texto, mas várias. Isso não quer dizer que quaisquer interpretações sejam possíveis para o texto. A tarefa da análise literária é investigar e compreender os limites interpretativos, os modos como um texto pode ou não ser interpretado. Mas, mesmo dentro dos limites interpretativos, há várias formas de compreensão possíveis. Quando se combinam à leitura literária os pressupostos teológicos, devemos compreender que muitos desses caminhos interpretativos conduzem à Verdade da Revelação, que, sendo única, não implica uma única forma de conhecê-la. A dinamicidade da interpretação da obra literária está a serviço, portanto, da forma pessoal como Deus se revela à humanidade. Ele não se revela a todos da mesma forma, mas de maneira pessoal a cada indivíduo. Ele, sendo sempre o mesmo, é percebido por cada um de uma forma própria, ainda que enraizada na experiência comunitária; por isso, os caminhos interpretativos que levam ao seu conhecimento também podem ser diversificados.

Ainda nessa dinâmica do caminho pessoal para conhecer a Deus por meio da Palavra escrita, a literatura pode oferecer grande contribuição ao defender que a intenção do autor não condiciona a interpretação feita pelo leitor. Enquanto muitos investigavam as intenções originais dos autores em busca de interpretações autênticas do texto, o sociólogo e crítico literário Roland Barthes observará que, uma vez escrito, o texto desprende-se das intenções de seus autores e passa a comunicar aquilo que o leitor é capaz de compreender a partir do texto escrito. No uso das metáforas, por exemplo, isso fica muito claro. O autor pode ter se valido de determinada imagem para transmitir um significado inicialmente pretendido, mas, se para o leitor aquela imagem tem outro significado, a metáfora transmitirá outra ideia que não aquela pretendida por seu autor. A intenção original, portanto, não controla a recepção. O texto literário tem limites para a transmissão de uma ideia antiga que serve, portanto, à dinamicidade da Revelação. Deus se comunica a homens e mulheres enraizados em um contexto e em uma cultura e, portanto, é necessário que o suporte dessa Revelação possa ser suficientemente flexível para que todos o leiam, mas possam encontrá-lo da forma como será possível compreender a Deus. Se só pudéssemos ler a Bíblia com os sentidos pretendidos por seus primeiros autores, não seríamos capazes de amadurecer na compreensão de Deus e talvez a Bíblia sequer tivesse valor hoje, para a experiência de fé no mundo contemporâneo.

Diante da complexidade de interpretações possíveis e da dinamicidade do texto bíblico, que permite leituras sempre novas e criativas, as ideologias sempre poderão operar livremente, fazendo com que o texto diga aquilo que nem sempre ele pode dizer. Assim, é importante que um texto considerado sagrado, que serve como base para a conduta de milhões de pessoas em todo o mundo, seja interpretado livremente, sim, mas em um campo delimitado de possibilidades, segundo critérios claros para cada finalidade. Assim, embora alguém não crente possa dizer sobre a Bíblia o que bem entender, a interpretação dela dentro do Corpo que é a Igreja deverá responder a dinâmicas específicas. Isso principia pela compreensão de que a Bíblia não transmite, sozinha, a Palavra de Deus. Ela está inserida em uma dinâmica interpretativa dentro da qual deverá funcionar também a sua interpretação. Ler a Bíblia com a Igreja é o que aprenderemos no próximo capítulo.

Rezar | 4

Cada manhã ele desperta meu ouvido, para prestar atenção como um discípulo (Is 50,4).

A narrativa de Neemias 8,1-12 demonstra o significado que o Livro da Lei passa a ter no contexto judaico após o exílio. Para uma nação em reconstrução, a escuta comunitária de suas narrativas fundantes e da Lei que caracterizava sua aliança com o Senhor era um elemento estruturante, despertava o espírito nacional, representava uma experiência sensível de Deus, que habitava com seu povo libertado do exílio. É uma narrativa que representa – talvez não historicamente, mas de modo mítico – o surgimento do significado da Escritura: a um Israel que perdera tudo, havia restado a Palavra do Senhor e isso lhe bastava. Ela mesma, celebrada e ouvida, era capaz de falar aos corações e sustentar a aliança outrora estabelecida com Deus por seus pais. A Escritura lhes confere identidade. Segundo o liturgista Goffredo Boselli, "é a assembleia que pede ao escriba Esdras de trazer o livro da Lei, quase invocando a sua presença. Desta maneira, o povo reunido mostra estar consciente de que, para ser verdadeiramente assembleia santa, diante dela deve estar a Palavra que o Senhor lhe dirige"[39].

A Bíblia é uma obra literária de grande autoridade no mundo contemporâneo, a começar por seu valor cultural. Em todo o mundo, os textos bíblicos têm relevância por sua antiguidade e pelo seu aspecto. Ela ajuda a compreender de onde pode ter surgido a forma como o ser humano de hoje pensa e age, bem como o conjunto de normas éticas que está presente em nosso inconsciente coletivo e condiciona nossas comunidades. Esse é um valor que qualquer pessoa, crente ou não, pode perceber na Bíblia.

Nós, que professamos a fé em sua inspiração, podemos dar ainda um passo além em sua compreensão. Trata-se de compreender que os textos produzidos por mãos humanas não somente comunicaram-nos uma cultura, mas também fizeram com que homens e mulheres, ao longo do tempo, conhecessem a Deus.

39 BOSELLI, G. *O sentido espiritual da Liturgia*, p. 63.

A Bíblia, para nós, é mais que um livro: é a Palavra viva de Deus que Ele mesmo quis dirigir a nós. Nesse sentido, é também um gesto de *kenosis*, ou seja, na Palavra comunicada, também o Filho faz-se servo (Fl 2,7), também vem em direção à humanidade, comunicando-se de modo que ela possa compreendê-lo. A infinitude do Mistério divino, que ultrapassa a compreensão e a linguagem humana, desce a nós de modo que possamos comunicar a grandeza de seu ser por meio da nossa linguagem, para que sejamos capazes de compreender seu chamado e a ele oferecer uma resposta, ao mesmo tempo livre e comprometida, de contemplação do Mistério e conversão da mente, do coração e das atitudes.

Para que sejamos capazes de ler a Bíblia e, por meio dela, ouvir a voz de Deus que nos fala, é necessária a abertura orante ao Espírito, o Tradutor. Ele garantiu que os autores sagrados, em sua experiência de fé, conhecessem a Deus; também garantiu que, ao registrarem sua experiência em uma literatura, os autores sagrados comunicassem só aquilo que se referia à Verdade de Deus. É o Espírito, portanto, quem garante a tradução da Palavra comunicada por Deus no íntimo do ser humano em palavras humanas. Também é Ele, portanto, o código por meio do qual os leitores de todos os tempos podem decifrar a Bíblia para encontrar nela mais que informações antigas, mais que belas poesias, mas a Palavra de Deus.

Decorre disso, portanto, que a primeira atitude que torna possível ler a Palavra de Deus na Bíblia seja a abertura orante ao Espírito. Há uma infinidade de métodos científicos para a interpretação da Bíblia; há também uma série de abordagens possíveis, mas todas elas se referem ao conhecimento do texto produzido por mãos humanas. Apenas um princípio de abordagem e os métodos dele derivados possibilitam ler na Bíblia a Palavra de Deus: a leitura orante da Bíblia.

Se a *Animação Bíblica da Pastoral* é o serviço à centralidade da Palavra de Deus na Igreja, cujas atividades e cujo cotidiano partem da Bíblia, portanto, a oração com a Palavra será seu ponto de partida fundamental. Sem a oração, corremos o risco de desenvolver as dimensões da formação e do anúncio de maneira a privilegiar o texto sobre a Palavra. É, portanto, a oração que dá sentido ao ensinamento e ao anúncio, garantindo a centralidade efetiva da Palavra que, uma vez acolhida, convida ao discipulado. Portanto, a tarefa da ABP de ser escola de oração com a Palavra precede todas as outras.

Quando falamos em leitura orante da Palavra, podemos correr o risco de restringir essa reflexão à *lectio divina*. O método é apenas uma das formas de leitura orante da Palavra, embora seja um método importante, que traz significativos resultados para a leitura bíblica hoje. É leitura orante, porém, toda leitura que efetivamente possibilita a oração com a Palavra: a Liturgia das Horas, a leitura da Bíblia nas liturgias, a leitura da Escritura em Círculos Bíblicos, a meditação da Palavra segundo o método da Conversação Espiritual[40]. Em todas essas formas de leitura, o conhecimento prévio, possibilitado pelo estudo da Bíblia segundo os métodos científicos, é enriquecedor e permite que a leitura orante seja bem direcionada, lúcida, não orientada pelos motivos e anseios pessoais.

A leitura orante é uma das particularidades, portanto, da leitura eclesial da Escritura. A Igreja tem uma forma própria de ler a Bíblia e, em nome do pertencimento, esse deve ser o modo por excelência pelo qual todo leitor ajunta a formação intelectual sobre a Bíblia e experiências pessoais de vida às aspirações que o Espírito lhe infunde na oração sincera, verdadeira e aberta a ouvir. Esse modo próprio de leitura será o assunto que trabalharemos doravante.

4.1 Ler a Bíblia com a Igreja

Grandes desafios relacionados à presença da Palavra de Deus na Igreja e também na espiritualidade pessoal estão relacionados a uma má compreensão da dinâmica da Revelação e à falta de uma referência sobre como ler e interpretar a Palavra, escrita ou transmitida, para se acessar a Revelação. O Concílio Vaticano II dedicou uma das suas quatro grandes Constituições ao tema. Por isso, um retorno às afirmações conciliares contidas na constituição dogmática *Dei Verbum* (1965) é irrenunciável para o adequado serviço de *Animação Bíblica*

40 Método de origem jesuíta que foi recuperado no Sínodo sobre a Sinodalidade e, a partir dele, ganhou grande projeção. Consiste em três momentos: em um primeiro, todos os integrantes da comunidade de escuta falam dos frutos de sua oração pessoal com a Palavra, a partir da motivação inicial. No segundo momento, cada um fala a respeito daquilo que mais lhe chama atenção na partilha do outro, exercitando a escuta atenta. No terceiro momento, a comunidade busca o discernimento a respeito da oração comunitária, exercitando a escuta ao Espírito por meio da comunidade e a corresponsabilidade pela missão que ele assim indica.

da Pastoral, dada que sua mais importante tarefa será a de ser escola "da comunhão com Jesus ou oração com a Palavra"[41].

A *Dei Verbum* consolida a nova forma pela qual a Igreja apresenta a Palavra a todo o Povo de Deus: não somente por meio da mediação dos pastores, mas por adequados métodos que garantam, ao mesmo tempo, autonomia de leitura da Palavra por parte de todos e zelo pela comunhão eclesial ao redor da Palavra, haurindo dela as aspirações para a vida individual e comunitária. É nesse sentido que a constituição exortará à produção de traduções para "que os fiéis tenham acesso patente à Sagrada Escritura"[42] e, adiante, exortará que todos os fiéis dela se aproximem com a leitura frequente, seja na Liturgia, seja na leitura pessoal, destacando a primazia do acompanhamento da oração "para que seja possível o diálogo entre Deus e o homem"[43].

Ainda, é importante compreender que o Concílio Vaticano II inicia a constituição dogmática sobre a Revelação, a *Dei Verbum*, destacando como pressupostos que Deus revela-se a Si mesmo e dá a conhecer, por bondade e sabedoria[44], o que à razão humana é compreensível do seu Mistério[45]. Em razão dessa Revelação, Deus convive conosco e fala conosco como amigos, para convidar-nos à comunhão com Ele. A Revelação de Deus não se realiza apenas por palavras, mas também por ações e, em plenitude, na pessoa de Jesus Cristo[46]. Após uma recordação de como a Revelação de Deus foi sendo comunicada ao longo da história da Salvação, a constituição trata da Revelação definitiva na pessoa de Jesus Cristo, afirmando que "a economia cristã, como nova e definitiva aliança, jamais passará, e não se há-de esperar nenhuma outra revelação pública antes da gloriosa manifestação de nosso Senhor Jesus Cristo"[47].

---

41 *Documento de Aparecida*, n. 248.

42 *Dei Verbum*, n. 22.

43 *Dei Verbum*, n. 25.

44 *Dei Verbum*, n. 2.

45 *Dei Verbum*, n. 6.

46 *Dei Verbum*, n. 2.

47 *Dei Verbum*, n. 4.

Em virtude da dinâmica da Revelação divina, não é a Sagrada Escritura a única fonte para o acesso à Palavra que Deus comunica. Assim, a Sagrada Escritura e a Tradição, conforme diz o Concílio, "constituem um só depósito sagrado da Palavra de Deus, confiado à Igreja"[48]. Dessa forma, embora tudo o que esteja na Bíblia seja a Palavra de Deus, nem toda a Palavra de Deus está contida na Bíblia: para além do texto fixado pela escrita, o Senhor comunica sua Palavra de maneira dinâmica pela Tradição da Igreja. A Revelação não traz apenas verdades sobre Deus, o que se poderia descrever em linguagem humana, mas é a Revelação de Deus mesmo e, por isso, ultrapassa a possibilidade de registro escrito de toda a sua grandeza e, principalmente, de seu Mistério.

Assim, quando nos referimos à Palavra de Deus, devemos sempre ter em mente a Palavra comunicada e transmitida segundo esse depósito unificado da Escritura e da Tradição. A *Animação Bíblica da Pastoral* está a serviço da centralidade da Palavra de Deus na missão da Igreja, que não se limita à centralidade bíblica, mas parte dela como caminho para o discipulado da Palavra devido à sua materialidade e seu valor pedagógico, que favorecem o aprendizado da escuta da Palavra também na Tradição, encontrando sustento para a vivência da identidade cristã, desde os processos iniciáticos até a celebração e as expressões testemunhais.

Ensina o Concílio que a Sagrada Escritura, escrita por mãos humanas, foi inspirada pelo Espírito Santo. É ele quem garante que, mesmo escrita por mãos humanas, a Bíblia tenha a Deus como seu autor. Além disso, o Concílio propõe que o texto sagrado transmite "tudo aquilo e só aquilo que Ele queria"[49]. A inspiração é também o mistério da ação do Espírito sobre os homens, que abre sua inteligência ao conhecimento das realidades divinas e abre também a linguagem humana à capacidade de transmitir, em textos simples, a grandeza do Mistério escondido de Deus. Esse processo não é mágico como o senso comum insiste em propor. Do contrário, ora acontece no extraordinário, ora acontece no cotidiano de experiências simples, mas autênticas. Importa ao

48 *Dei Verbum*, n. 10.

49 *Dei Verbum*, n. 11.

leitor compreender que o Espírito é o protagonista do processo comunicativo entre Deus e o ser humano por meio da nossa linguagem – e isso tanto na autoria quanto na leitura. Por isso, para que na Bíblia se encontre a Palavra de Deus, é preciso que o leitor se abra, em atitude orante, à inspiração do Espírito, o grande comunicador.

A respeito da interpretação da Palavra de Deus presente no depósito unificado da Tradição e da Escritura, afirma o Concílio que "o encargo de interpretar autenticamente a Palavra de Deus escrita ou contida na Tradição foi confiado só ao Magistério vivo da Igreja, cuja autoridade é exercida em nome de Jesus Cristo"[50]. Em consonância com o Concílio, também o Catecismo da Igreja Católica desenvolverá o tema:

> O encargo de interpretar autenticamente a Palavra de Deus, escrita ou contida na Tradição, foi confiado só ao Magistério vivo da Igreja, cuja autoridade é exercida em nome de Jesus Cristo, isto é, aos bispos em comunhão com o sucessor de Pedro, o bispo de Roma[51].

De início, tal afirmação pode parecer contrastante e até conflituosa com a orientação do mesmo Concílio que, ao fim da constituição *Dei Verbum*, exorta que todos os fiéis sejam instruídos na leitura da Escritura, de modo que "os filhos da Igreja se familiarizem dum modo seguro e útil com a Sagrada Escritura, e se penetrem do seu espírito"[52]. É necessário refletir, portanto, de que modo o convite à leitura e interpretação pessoais pode coexistir com a ideia da autêntica interpretação confiada ao Magistério. No entanto, diz o Concílio que "este magistério não está acima da Palavra de Deus, mas sim ao seu serviço, ensinando apenas o que foi transmitido, enquanto, por mandato divino e com a assistência do Espírito Santo, a ouve piamente, a guarda religiosamente e a expõe fielmente, haurindo deste depósito único da fé tudo quanto propõe à fé como divinamente revelado"[53].

---

50 *Dei Verbum*, n. 10.

51 *Catecismo da Igreja Católica*, n. 85.

52 *Dei Verbum*, n. 25.

53 *Dei Verbum*, n. 10.

Como sucessores dos Apóstolos, os bispos, presididos pelo Sucessor de Pedro, garantem a continuidade da transmissão do ensinamento dado pelo próprio Senhor. Por outro lado, em virtude do grau da ordem que lhes é próprio, recebem o múnus do ensinamento, por meio do qual o Espírito Santo continua a sustentar a Igreja na escuta autêntica da Verdade. Assim, é inerente ao Magistério a interpretação da Palavra escrita e também revelada de outras formas, como modo de ouvir o que o Espírito diz à Igreja. É seu papel avaliar a interpretação do texto à luz da Tradição transmitida e das verdades de fé guardadas pela Igreja tornando essa síntese a interpretação autêntica.

Assim, a Igreja tem uma forma própria de interpretar os textos sagrados em cada tempo, explicitada pelo Magistério vivo. Os fiéis, em sua leitura pessoal, por estarem diante de um texto literário, podem haurir da Escritura diversos sentidos possíveis, derivados de sua condição de texto literário. No entanto, em nome da pertença eclesial, os mesmos fiéis assumem como sua a interpretação indicada pelo Magistério. Não há, portanto, a proibição de que os fiéis interpretem; há a distinção entre o que é a interpretação autêntica e aquelas outras, que podem ser provenientes do texto, mas não são reconhecidas pela Igreja como condizentes com a Palavra revelada no conjunto amplo de modos pelos quais Deus se revela à humanidade.

Nem sempre essa distinção entre interpretações diversas e interpretação autêntica precisará ser sistematicamente feita; o ideal é que os fiéis sejam capazes de, naturalmente, *ler a Bíblia com a Igreja*. Isso dependerá de um conhecimento básico sobre o texto bíblico em seu contexto, sobre os métodos de interpretação e os modos de leitura adequados a cada forma textual da Bíblia e, sobretudo, da familiaridade com as linhas interpretativas do Magistério vivo. Os fiéis que estejam habituados a acompanhar a reflexão magisterial da Igreja e conhecem os discursos e documentos do Papa, por exemplo, acompanhando sua teologia e a forma como ele se posiciona diante dos novos sinais dos tempos, serão fiéis que naturalmente interpretarão a Palavra em consonância com o Magistério vivo.

A fidelidade a esse critério de interpretação torna-se importante escola de comunhão eclesial. É por isso que, para o Documento de Aparecida, à medida que a ABP se torna escola de oração com a Palavra, ela se faz também escola de comunhão com Jesus. Na Igreja, a comunhão com Cristo não pode ser vivida em uma dimensão intimista, mas tem como sinal visível a comunhão entre os irmãos de uma mesma comunidade, a comunhão de comunidades em uma Igreja local e a comunhão das Igrejas locais presididas pela Igreja de Roma. Ainda que essa relação consecutiva não seja óbvia, exercer a fidelidade às interpretações magisteriais torna-se uma ferramenta importante, na Igreja, para o aprendizado e aperfeiçoamento da comunhão eclesial, caminho por meio do qual será possível adentrar na comunhão com Jesus Cristo.

O zelo para com essa fidelidade deverá ser observado, sobretudo, nos espaços privilegiados para o seu aprendizado por meio do exemplo – não só nas escolas bíblicas, mas nos círculos bíblicos, nas homilias, na catequese. Mais que dizer que a interpretação deve estar em comunhão com o Magistério, é que os fiéis tenham a oportunidade de ouvir as interpretações que mantêm fidelidade à Palavra, na perspectiva como o Magistério a interpreta. Um campo que carece dessa fidelidade, no atual contexto, especialmente, é o ambiente digital. Nele, frequentemente, surgem alguns *influencers* que advogam para si o papel da interpretação sem consciência a respeito da necessária comunhão com o Magistério. Multiplicam-se, então, não só posições declaradamente avessas a ele, mas uma aversão ao ensinamento magisterial velada sob as interpretações que lhe são alheias. Trata-se de uma reação em cadeia: o povo, formado por tais posicionamentos, não só interpreta mal a Palavra de Deus, como fere a comunhão na ilusão de fidelidade doutrinal, em um processo de verdadeira alienação da fé.

Com relação à comunidade e às interpretações produzidas, o teórico da literatura Stanley Fish (1992) nos ajuda a refletir ao evidenciar, em seus escritos, que os indivíduos interpretam as criações artísticas, entre as quais os textos literários, segundo o arcabouço de significados que são comuns e conhecidos na comunidade da qual eles fazem parte. O significado do símbolo, por exemplo, é necessariamente desenvolvido e naturalizado entre os indivíduos da comunidade à qual pertence aquele que o interpreta. Dessa forma, também a relação inversa é verdadeira: os significados atribuídos a um texto podem ser indicativos da comunidade à qual pertence um indivíduo. No nosso contexto religioso, então, podemos dizer que as interpretações são ferramentas de expressão da pertença religiosa. Embora saibamos que, na Igreja, há formas diferentes de viver a fé, não podemos permitir que as interpretações diversas passem a gerar processos cismáticos e a existência de comunidades sectárias dentro da Igreja.

A dimensão da obediência, entendida como a livre adesão ao Deus que se revela, é, portanto, uma dimensão intrínseca à dinâmica de busca pelo conhecimento de Deus em sua Palavra. Já a *Dei Verbum*, ao tratar do tema, indica que a Deus é necessária a devida obediência da fé, pois por meio dela o ser humano se entrega livremente a Ele reconhecendo a sua revelação[54]. Para nós, portanto, essa obediência refere-se à aliança estabelecida com o Deus que se revela, assim como o povo declarara, diante de Josué, em Siquém: "Longe de nós abandonarmos o Senhor para servir a outros deuses; porque foi o Senhor nosso Deus que nos fez subir, a nós e aos nossos pais, da terra do Egito, da casa da escravidão. Foi ele que realizou estes grandes sinais aos nossos olhos, guardou-nos em todo o caminho que percorremos e entre todos os povos através dos quais passamos" (Js 24,16-18). Para nós, o abandono de si mesmo à obediência ganha, no entanto, uma tarefa para além do que nossas palavras podem dizer: o discipulado de Jesus Cristo. Trata-se de assumir nossas cruzes, segurar nossos arados e não olhar para trás, progredindo mais e mais na profundidade da experiência de encontro com o Senhor. Essa obediência, então, se manifestará em cada escolha que formos chamados a fazer no caminho discipular, e também nas formas de expressar nosso pertencimento comunitário. Interpretar com a Igreja é, portanto, muito mais que o cumprimento de uma norma conciliar, mas é escolha pela Igreja como comunidade de discípulos que, juntos, progridem na busca pelo Mestre, mantendo acesas as chamas de suas lâmpadas com o óleo que não se apaga, porque dado pelo próprio Espírito à Igreja Peregrina.

Por isso, todos os batizados devem ser formados para a comunhão a partir da Palavra e chamados a exercer a comunhão em sua livre adesão ao modo

---

54 *Dei Verbum*, n. 5.

eclesial de ler a Palavra. Não é um processo simples, porque não há como anular as criatividades pessoais, mas o amor pela pertença à comunidade-Igreja deve ser cultivado até conduzir o fiel à livre obediência, que colocará a serviço do discernimento comunitário, ao mesmo tempo, suas aspirações pessoais e sua adesão. Essa será uma tarefa formativa que se amadurecerá na oração, com vistas ao anúncio, uma vez que as diferenças entre nós, expressas em nossas criatividades, deverão ser trabalhadas para o discernimento dos caminhos do anúncio. As tarefas da oração, da formação e do anúncio, portanto, jamais estarão separadas.

À medida que cada pessoa cresce no exercício da comunhão eclesial por meio da interpretação da Palavra, torna-se possível também superar os desafios da autorreferencialidade e do individualismo. A leitura da Bíblia em aspecto orante, aberta ao Espírito, em comunhão com a Igreja que está em todo o mundo, orienta a leitura pessoal para que pouco a pouco ela se torne a leitura comunitária. É claro que isso será favorecido pela própria pertença comunitária, pelos vínculos fortes com uma comunidade local, onde a pessoa se reúne com outras para juntas ouvirem e celebrarem a Palavra de Deus. Quando falamos em leitura comunitária, pensamos logo na leitura que se faz em grupos, mas não é somente isso. Também a leitura pessoal, no silêncio, individual, pode estar orientada à comunidade quanto mais enraizada no comunitário estiver a experiência de fé, quanto mais a pessoa trouxer a comunidade em seu coração, quanto mais a experiência discipular de escuta da Palavra alimentar a resposta vocacional que se converterá em serviço, dom do Espírito à comunidade.

A dimensão da oração com a Palavra não é, portanto, um acessório da presença da Palavra de Deus na Igreja, mas seu aspecto fundamental. A academia ou os diferentes âmbitos da sociedade secularizada lidam com a Bíblia de formas diferentes; na Igreja, essencialmente, toda leitura pessoal e comunitária e, posteriormente, todo anúncio e todo ensinamento consideram a Bíblia como veículo de acesso à Palavra de Deus que só tornará possível essa conversão – de palavra em Palavra – por meio da oração. Por isso, esse é o aspecto que primeiro trabalharemos. Rezar a Escritura é o ponto de partida para anunciá-la e ensiná-la.

4.2 *Lectio divina*

O Sínodo sobre a Sinodalidade (2021-2024) fez com que a Igreja mergulhasse na reflexão a respeito do convite do Papa Francisco: "O caminho da sinodalidade é precisamente o caminho que Deus espera da Igreja do terceiro milênio"[55]. Todo o processo sinodal fez com que nos encontrássemos com a sinodalidade como "dimensão constitutiva da Igreja"[56], para além da reflexão teológica, também na práxis cotidiana. O convite à sinodalidade como modo de ser Igreja nada mais é que uma tradução contemporânea do chamado a recuperar a centralidade de Jesus Cristo, Palavra encarnada, Caminho, Verdade e Vida (Jo 14,6). Nesse sentido, o compromisso com a recuperação da sinodalidade representa a abertura a um caminho de conversão pastoral, já que a sinodalidade não é uma nova proposta para o ser Igreja, mas a recuperação de sua identidade fundamental para que seja possível continuar o exercício da missão ainda hoje.

A experiência sinodal que alcançou toda a Igreja de 2021 a 2024, com suas reflexões teológicas e práticas de escuta e discernimento comunitário, evidenciou uma série de prerrogativas para que a Igreja possa efetivamente retornar a um modelo sinodal como *modus vivendi et operandi* da Igreja. A começar pelo indispensável fundamento de uma espiritualidade sinodal, o Sínodo indicou a necessidade da leitura do ministério hierárquico em chave sinodal, da revalorização do sacerdócio comum dos fiéis, do alargamento dos espaços de participação, do desenvolvimento de efetiva corresponsabilidade na missão, da conversão das relações e dos processos e da prática da transparência e da avaliação, bem como da formação de todo o povo de Deus na e para a sinodalidade.

Nesse sentido, a *Animação Bíblica da Pastoral* pode oferecer grande contribuição à recuperação da sinodalidade no cotidiano eclesial, na medida

---

55 PAPA FRANCISCO. *Discurso para Comemoração do Cinquentenário da Instituição do Sínodo dos Bispos*, 2015.

56 COMISSÃO TEOLÓGICA INTERNACIONAL. *A sinodalidade na vida e na missão da Igreja*, n. 1.

em que é um método sinodal que contribui para o aprendizado de elementos indispensáveis à sinodalidade, a começar pela escuta. De outra forma, não há lugar para a centralidade bíblica senão em uma Igreja sinodal. O processo sinodal escancarou o quanto ainda precisamos, enquanto comunidade cristã, crescer na capacidade de ouvir o outro como exercício que nos habilita para a escuta do Espírito. A escuta da Palavra forma o discípulo para abrir-se progressivamente à escuta vulnerável do outro e, na medida em que crescemos na escuta de quem é nosso semelhante, crescemos também no aperfeiçoamento da escuta de Deus, aquele que é totalmente Outro. A escuta autêntica é aquela na qual não há violência contra a voz do outro, nem resistências excessivas, mas um exercício livre da vulnerabilidade: exponho minha interioridade às interpelações que o outro me oferece. Por outro lado, a escuta também me exigirá uma resposta e é preciso que essa resposta seja dialogal e permeada pela fraternidade.

A Palavra de Deus é transmitida à humanidade por processos de escuta. Antes de ser Escritura, a Palavra de Deus estava em um conjunto de narrativas orais. Mesmo após o registro pela Escrita, Deus quis que sua Palavra permanecesse viva e dinamicamente revelada na Tradição, que subsiste pela dinâmica de escuta e anúncio. Daí que a escuta não seja um mero acessório da identidade da Igreja, mas um dom do Espírito, que é condição para a subsistência da fé. O discipulado tem como condição a escuta: dos outros, do Espírito, de Deus que fala em sua Palavra.

De igual forma, é evidente, mais do que nunca, que os nossos processos eclesiais precisam ser permeados por processos efetivos de discernimento comunitário, que tenham como ponto de partida a escuta do Espírito na escuta uns dos outros e a abertura para que as opiniões individuais possam dar lugar ao consenso comunitário, discernido a partir de consciente atitude de escuta e abertura ao diferente. A capacidade da Igreja em formar processos de discernimento à luz do Espírito é uma atitude profética em um tempo em que impera o imediatismo, a necessidade de respostas e decisões imediatas, a capacidade de impor opiniões individuais como medida de sucesso. O discernimento é fruto do diálogo interpessoal ancorado em Deus. O consenso que desperta corresponsabilidade é fruto de um processo paciente e profundo de discernimento, em que uma comunidade se torna capaz de assumir o consenso que o Espírito indica em meio à escuta de uns aos outros, ainda que esse consenso não corresponda a opiniões particulares.

Mas discernimento exige, para além da escuta, também a capacidade de docilmente responder e dialogar. Depende da capacidade de silenciar-se, abrir-se ao Espírito e, com paciência, assumir em corresponsabilidade os consensos indicados pelo Espírito, especialmente se eles não coincidem com as opiniões particulares. Acreditamos, portanto, que o serviço da *Animação Bíblica da Pastoral* pode prestar grande auxílio à Igreja na medida em que, em vista da escuta da Palavra, propõe o método da *lectio divina* como exercício dessas virtudes: escuta, diálogo em Deus, silêncio, paciência, discernimento.

Os diferentes passos da *lectio divina*, esse modo de leitura orante guardado pela Igreja desde a época patrística, foram compreendidos pelos antigos monges como degraus: seu conjunto representa um movimento de ascese, ou seja, de elevação da humanidade à divindade. O meio para essa elevação é a progressão na capacidade de contemplar a Deus a partir da Palavra e, assim, compreender a si mesmo. Na verdade, o grande objetivo da *lectio divina* é a contemplação de Deus. Essa contemplação não se faz de modo passivo, como o senso comum costuma atribuir à espiritualidade ou à vida monástica do mundo de hoje; pelo contrário, a prerrogativa para a ascese da *lectio divina* é a escuta ativa e paciente: aquela que sabe silenciar para ouvir e, no tempo oportuno, responder ainda em atitude de escuta e abertura.

Por isto, é que dizemos que a *lectio divina* é, também, um método dialogal de oração com a Palavra: primeiro ouvimos a Deus para que depois possamos dar a nossa resposta. Essa dinâmica dialogal não se faz com a escuta ou a resposta blindadas, ou seja, aquelas em que não permito que a palavra do outro adentre o meu coração. Pelo contrário, o fiel que reza com a Palavra busca ouvir a voz de Deus e, mesmo quando responde, deixa que a Palavra do que é totalmente Outro adentre o seu coração para transformá-lo. Nesse sentido, a resposta se constitui mais na abertura livre e vulnerável diante da Palavra que tem poder transformador do que em um conjunto de palavras bonitas arranjadas diante de Deus.

A *lectio divina* é um método orante da Palavra de Deus. Portanto, sua prerrogativa é a atitude de oração e de abertura ao Espírito, que direciona à escuta da Palavra. De igual forma, a leitura orante é feita na comunhão com a Igreja, então é importante que, consigo, quem reza considere também a comunidade à sua volta, na confiança de que a luz da Palavra, ao iluminar o próprio caminho, possa irradiar para a vida de outros. A escuta da Palavra de Deus por meio da Bíblia e essa ascese do texto até a comunhão com Deus é, antes de tudo, graça. Mas uma graça que trabalha em nós a partir de nossa abertura e disposição para acolhê-la em nossa vida.

Toda oração é subjetiva e é difícil estabelecer um parâmetro de autenticidade para tal abertura diante do Senhor. Na verdade, toda autenticidade começa pela sincera abertura à ação do Espírito que jamais é ignorada por ele. Mas é bem verdade que a fronteira entre o que eu quero que a Palavra diga e o que eu verdadeiramente ouço do Espírito é muito tênue. Assim, a oração é um exercício constante que vai aperfeiçoando aquele que reza para perceber cada vez mais clara essa fronteira. A prerrogativa é nunca se abandonar à tentação de sobrepor a própria voz à voz da Palavra, mas esforçar-se por silenciar os barulhos exteriores e, principalmente, os interiores, para que o Espírito realmente tenha espaço para habitar e falar. Crescemos com a experiência cotidiana.

O primeiro degrau: leitura

O primeiro degrau da *lectio divina* é a entrada nesse caminho de elevação possibilitada pelo método. Deve-se fazê-lo com a consciência de que ele é o primeiro passo em um caminho de elevação de si mesmo até Deus, partindo da Palavra. Nesse primeiro passo, se faz a leitura do texto, de modo atento, pausado, meditado, buscando compreender *o que o texto diz*: entender suas palavras e entender do que se trata, qual episódio conta ou a que assunto se refere.

Nesse degrau, o leitor é chamado a contemplar o texto, lendo-o repetidas vezes, prestando atenção nas palavras, nas expressões, nas frases. Na *lectio divina* feita em comunidade, costumamos pedir que alguém faça a leitura do texto e os demais repitam os versículos que mais lhe chamam atenção. Ainda que alguns versículos se repitam, é uma alternativa interessante para que o texto ressoe, convidando-nos a ouvir mesmo aquilo que fica perdido em nossas leituras apressadas. No passo da leitura, já contemplamos o texto nas escolhas da criação poética: por que os autores escolheram essas palavras e não outras? Quais os significados das palavras que estão diante dos meus olhos? Quais os principais acontecimentos do enredo? Quem fala, quem silencia? Quais são os personagens envolvidos? O degrau da leitura convida-nos à contemplação do Deus que se faz Escritura. Leia o texto com reverência, ouça no silêncio as palavras pronunciadas, contemple sua beleza: Deus está ali, em linguagem humana, e por meio daquele texto já falou a muitas pessoas antes de nós.

O segundo degrau: meditação

Avançamos um degrau em nossa subida. No passo da meditação, passamos a nos perguntar *o que o texto diz para mim*? É o momento de investigar seus significados, que estão enraizados no contexto em que vivo: as preocupações que trago comigo, os desafios que tenho enfrentado, também as alegrias que vêm sustentando meus dias, as escolhas diante das quais me encontro. Contemplo agora não só o que o texto diz de modo geral para todos, sua mensagem, mas o que ele diz especificamente para mim. Nesse momento, me esforço para que não só meus olhos vejam o texto, mas para que o texto bíblico possa ver a minha interioridade. Faço passar diante da Palavra a minha vida, para encontrar o sentido que o texto ganha no contexto de quem sou eu e de como o escuto naquele tempo específico.

É momento de deixar que o texto encontre o que há dentro de mim e me convide, ele mesmo em sua mensagem, a uma meditação profunda a respeito de quem sou hoje à luz da Palavra. O desafio desse passo é dar liberdade à Palavra no terreno íntimo do eu. Não somos nós que apresentamos o que queremos refletir de nós diante da Palavra, mas ela quem faz emergir nossa reflexão. O que a Palavra me ajuda a contemplar a respeito de mim? Qual mensagem ela traz hoje, de modo específico? Às vezes, não será o que eu gostaria de refletir naquele momento, mas o silêncio de nós, nossa retirada, cria o espaço para que a Palavra exista e atue. Ela mesma fará emergir o que em nós precisa ser trabalhado naquele exercício orante.

O esforço por compreender o texto numa investigação que pergunte por seu significado de maneira enraizada na experiência presente é também um passo na conversão da leitura em escuta. Quando contrapomos a leitura e a escuta da Palavra, não se trata de uniformizar ou confundir os sentidos, mas compreender que a mesma leitura pode converter-se em escuta, desde que aquele que lê esteja disposto a ir exercitando essa virtude, de abrir-se diante da Palavra e deixar que ela venha até nós, com sua mensagem. Trata-se de evocar o sentido da escuta para que a escuta possa fazer-nos ascender, desde a leitura analítica até a escuta aberta e vulnerável, primeiro passo para a conversão pessoal.

Os dois primeiros degraus da *lectio divina* são oportunidades de encontro com o Deus que vem a nós na Palavra. Ele toma a iniciativa na intenção de encontrar-nos e elevar-nos. Antes que pudéssemos buscar a Palavra, ele a escreveu e chamou-nos ao seu seguimento. Antes que quiséssemos pôr à luz da Palavra alguma dimensão do nosso eu, Ele já nos convidara a lapidar quem somos segundo as direções que a Palavra indica.

Na *lectio divina* comunitária, quem dirige pode fazer uma breve motivação, destacando alguns pontos importantes para a meditação, mas jamais deverá preencher o silêncio com suas Palavras próprias: é sua função oferecer uma motivação de onde partir e logo retomar o silêncio para que cada um possa progredir no seu próprio caminho de meditação. Estamos mais um passo à frente no exercício de escuta do Senhor.

O terceiro degrau: oração

No degrau da oração, subo mais um passo em direção a Deus: agora contemplo *o que o texto me faz dizer a Deus*. Se a *lectio divina* é um método dialogal, então ela supõe escuta e resposta. Mas também essa resposta é escuta, também ela é guiada pela Palavra. Não se trata aqui de evocar as diferentes intenções que trazemos, ou os pedidos de oração que nos fizeram. Trata-se de deixar emergir, voluntariamente, a resposta que quero oferecer a Deus a partir do que meditei. Na meditação, me coloquei disponível para que a Palavra iluminasse aquilo que ela queria iluminar em mim; agora já sei o que preciso pedir, agradecer ou dizer a Deus após essa iluminação. Em seguida, livremente, falo a Deus no meu silêncio, naquele silêncio em que as Palavras não precisam ser medidas pela doutrina ou pela adequação, pelo medo de ser mal compreendido ou julgado. Falo a Deus com a sinceridade que teve Jó.

Enquanto falo, contemplo a voz da Palavra ressoar na minha voz. Também na oração, o Senhor vai modelando nosso íntimo, porque já nossas perguntas, nossa confiança nele e nossas dúvidas são formas de habitar no Senhor. Tudo fica mais completo quando ouvimos sua resposta, que fala em nossa consciência, e nos abrimos a ela e à conversão a que ela convida.

Quando fazemos a *lectio divina* em comunidade, é comum que façamos essa oração em forma de preces, inclusive elegendo um versículo para que se repita como resposta. Não é ideal o uso de orações prontas, mas a liberdade para que se possa rezar diante do texto e daquilo que ele nos faz dizer diante de Deus.

O quarto degrau: contemplação

Se o degrau anterior iniciava a resposta oferecida diante do Senhor, também esse será um passo de resposta. É importante ter a consciência de que esse passo da contemplação é ainda um passo além na ascensão que a Palavra nos permite diante de Deus. É o passo em que somos chamados a discernir os caminhos para contemplar a Palavra no que é concreto das nossas atitudes, das nossas escolhas, dos nossos hábitos. Se, no degrau anterior, eu respondi com minhas palavras orantes, agora sou chamado a responder com minhas atitudes orantes.

Portanto, no quarto degrau, me pergunto: *o que a Palavra, agora, me chama a fazer?*

Depois de toda contemplação do texto, de sua mensagem, da forma como ele se torna, em nós, oração, a grande contemplação será a marca que a Palavra meditada imprime em nossas vidas. Trata-se de discernir o que precisa ser mudado e transformado para que a Palavra que meditei possa ser contemplada perenemente em nossos dias. Pode ser que eu já seja capaz de contemplá-la em memórias do passado ou percepções acerca do presente. Mas será que mesmo essas memórias não podem me convidar a um aperfeiçoamento de quem sou, diante de Deus? Tomar consciência desse convite e buscar atendê-lo é o ápice do exercício de contemplação da Palavra. Minha vida, transformada, torna-se um grande livro onde eu e outros podemos ler a Palavra de Deus.

Ao final, fazemos uma oração de ação de graças pela *lectio divina* feita. Quem dirige a *lectio divina* deve atentar para alguns detalhes: a preparação do ambiente, o silêncio orante, uma boa distribuição do tempo. Mas, em geral, a tarefa de quem dirige é apenas orientativa e quanto mais ele souber se retirar, ainda oferecendo uma boa orientação, melhor. A tarefa do dirigente é ensinar para que as pessoas façam, em cada degrau, o que lhe é próprio.

4.3 A reverência à Palavra de Deus na Liturgia

Sem dúvidas, o ápice da experiência orante com a Palavra de Deus se dá na Liturgia, quando a comunidade, reunida, venera e celebra as Escrituras como ao próprio Cristo que fala e ensina à assembleia reunida. Assim diz o Concílio:

> A Igreja venerou sempre as divinas Escrituras como venera o próprio Corpo do Senhor, não deixando jamais, sobretudo na sagrada Liturgia, de tomar e distribuir aos fiéis o pão da vida, quer da mesa da palavra de Deus quer da do Corpo de Cristo [...]. É preciso, pois, que toda a pregação eclesiástica, assim como a própria religião cristã, seja alimentada e regida pela Sagrada Escritura. Com efeito, nos livros sagrados, o Pai que está nos céus vem amorosamente ao encontro de Seus filhos, a conversar com eles; e é tão grande a força e a virtude da palavra de Deus que se torna o apoio vigoroso da Igreja, solidez da fé para os filhos da Igreja, alimento da alma, fonte pura e perene de vida espiritual[57].

Dessa forma, a celebração litúrgica é, na vida da Igreja, momento ímpar para que a Palavra seja acolhida em sua dimensão orante e mistagógica. Os sinais, gestos e ritos que acompanham a Palavra na Liturgia comunicam sua sacralidade e centralidade na vida da comunidade dos discípulos e discípulas de Jesus,

---

57 *Dei Verbum*, n. 21.

Verbo encarnado. Esses sinais começam pelo que é visível e concreto na organização do espaço litúrgico. O ambão da Palavra, de onde se proclamam as leituras e o Evangelho, de onde se profere a homilia e de onde se dirigem as preces da comunidade, não é qualquer púlpito, mas um lugar digno que deve, inclusive, manifestar sua unidade com o altar – sendo feito do mesmo material, por exemplo. Isso para significar a unidade entre o pão da Palavra e da Eucaristia que se repartem na celebração. A Liturgia da Palavra, assim, não é somente preparação para a celebração do sacramento, mas é sua parte fundamental, momento em que o Cristo fala e vem à sua assembleia reunida.

A sacralidade da Palavra também é comunicada à assembleia pelos livros litúrgicos. A Palavra de Deus, na Liturgia, não é comunicada de um folheto ou de um suporte qualquer, mas de livros cuidadosamente preparados, em edições dignas de servirem à proclamação. Tais livros são entronizados e até incensados, antes da proclamação do Evangelho. São mostrados a todo o povo antes de serem lidos. Embora a Palavra, na Liturgia, seja majoritariamente ouvida, a materialidade do livro é o aspecto simbólico mítico que une os que celebram ao redor da mesma fé na Palavra como detentora da Salvação em que se crê.

A unidade entre a Palavra e a Eucaristia é de novo reforçada quando se põe o Evangeliário sobre o altar:

> A colocação do evangeliário sobre o altar é o primeiro ato litúrgico que realiza uma figura de intenso significado teológico, que o Concílio lembrou: o cristão se alimenta 'do pão da vida da mesa tanto da Palavra de Deus quanto do Corpo de Cristo' [...]. Qual mistério de fé está contido no ato de tirar o evangeliário do altar? Como o pão e o vinho eucarísticos são tomados do altar, para que os fiéis se alimentem do corpo de Cristo, do mesmo modo também o Evangelho é retirado do altar, a fim de que os fiéis se alimentem da Palavra de Cristo[58].

Por serem sinais da reverência que a Igreja dá à Palavra, devem ser cuidados e bem armazenados, como livros distintos de outros quaisquer, porque carregam a Palavra de Deus.

---

58 BOSELLI, G. *O sentido espiritual da Liturgia*, p. 68.

Como tudo o que se celebra na Liturgia, os sinais devem ser acompanhados dos gestos para que sejam significativos. Por isso, o lugar da proclamação e os livros da Palavra de Deus só ganham sentido na dinâmica do anúncio, que supõe proclamação e escuta. Assim, a reverência à Palavra de Deus também se demonstra na boa proclamação, uma leitura bem-feita, com boa entonação, em que o leitor sabe dar o devido respeito à Palavra de Deus com sua voz. Aqueles que desempenham o serviço de leitores nas liturgias devem estar conscientes de que sua voz se torna instrumento para que o Senhor fale à comunidade. Por isso, são necessárias uma boa dicção, uma adequada entonação – nem monótona, nem excessivamente teatral –, corretas pronúncias, fluidez e calma na leitura e capacidade técnica de manuseio dos microfones para que a Palavra ouvida possa penetrar os ouvidos da assembleia como algo agradável de se ouvir, gerando, ao mesmo tempo, interesse, docilidade e compreensão por parte daqueles que escutam. A proclamação da Palavra não é um serviço fácil de se desempenhar, nem periférico, por isso, há que se ter a disposição de formar bem os leitores em vista do adequado desempenho de um serviço fundamental à dimensão orante da Palavra na Liturgia.

Outro momento fundamental para a oração com a Palavra na Liturgia é a homilia. Infelizmente, muitas homilias na contemporaneidade têm sido descentradas da Palavra de Deus e referenciam apenas as opiniões e desejos do ministro que as proferem. O que é pior: às vezes o espaço das homilias tem sido usado para "mandar recados" ou reproduzir discursos excessivamente moralistas e violentos. O Papa Francisco, no início do seu pontificado, reconheceu essa situação ao afirmar: "sabemos que os fiéis lhe dão muita importância; e, muitas vezes, tanto eles como os próprios ministros ordenados sofrem: uns a ouvir e os outros a pregar. É triste que assim seja"[59].

Do contrário, as homilias são o lugar onde o ministro e o povo se encontram na Palavra de Deus. São o momento orante da Palavra por excelência, em que o Espírito fala à Igreja por meio do ministro ordenado ou do ministro leigo que desempenham seu papel de ensinar a Palavra. Aqui, também a estrutura da *lectio divina* pode ser de grande ajuda. Primeiro, a comunidade reunida escuta a Palavra

---

59 *Evangelii Gaudium*, n. 135.

proclamada (é o primeiro degrau, o da leitura). Depois, medita essa mesma Palavra ouvida na homilia (é o segundo degrau, o da contemplação). Em seguida, transforma essa meditação em preces (o terceiro degrau, da oração) com vistas à sua contemplação na vida diária: ide em paz, que o Senhor vos acompanhe!

Por isso, é essencial que as homilias partam da Palavra de Deus e sejam uma motivação para que a comunidade possa rezar a Palavra que ouviu. Uma boa homilia não é recheada de conteúdos, não é uma aula de teologia bíblica, mas é aquela que sabe indicar um bom caminho de oração com a Palavra. As interpretações do texto bíblico são várias possíveis, em virtude do seu caráter literário, mas a liturgia traz uma indicação de caminho interpretativo ao justapor três ou quatro textos bíblicos. Quem prepara a homilia deve buscar identificar o fio condutor que perpassa todas as leituras daquela determinada celebração e ajudar a comunidade a reconhecê-lo e rezá-lo, promovendo sua atualização, ou seja, a compreensão de como viver e seguir a Palavra meditada no hoje da vida de cada um. Boas homilias são as capazes de comunicar esse fio condutor e despertar na comunidade o interesse e a oração com a Palavra. Para isso, não é necessário muito tempo – até porque lidamos com gerações cujas atenções vêm sendo moldadas pelas estruturas das redes sociais: três minutos de fala, para eles, já se tornam quase enfadonhos.

Convém ouvir sempre de novo o que diz o Papa Francisco. Para ele, a homilia não é espaço de divertimento, mas um momento propício para dar significado à celebração. Falando sobre o gênero próprio que tem a homilia, o Santo Padre pede sempre que ela seja breve e simples, fruto da oração com a Palavra daquele que prega. A pregação da Palavra deve estar a serviço da celebração, e não se destacar demais dela, como um *show* particular. O objetivo não é que o ministro brilhe, mas que ele e a comunidade façam, juntos, a experiência da comunhão com o Senhor[60].

Ensina o Santo Padre que a linguagem da homilia deve ser sempre a do diálogo materno, no qual "se ensina e aprende, se corrige e valoriza o que é

60 *Evangelii Gaudium*, n. 138.

bom"[61]. Assim, o Papa Francisco propõe um itinerário de preparação das homilias em alguns passos:

1. O culto da verdade: nesse primeiro passo, aquele que prepara a reflexão deve dedicar-se a compreender a verdade do texto bíblico, seu significado a partir de um adequado método interpretativo e de sua contextualização.
2. A personalização da Palavra: nesse passo, o pregador deve procurar abrir o próprio coração para que a Palavra nele se enraíze e sua pregação não se torne demasiado impessoal, como os fariseus, tão criticados por Jesus, que traziam a Palavra em faixas pelo corpo, mas não no coração.
3. A leitura espiritual: aberto ao Espírito, o pregador permite que a Palavra nele se faça oração.
4. À escuta do povo: a meditação deve estar enraizada na vida do povo que a ouve, somente assim poderá propor adequada atualização. Esse esforço também torna possível a aproximação entre ministro e povo, em uma relação ancorada pela Palavra de Deus.
5. Recursos pedagógicos: o pregador busca formas de comunicar aquela meditação de uma maneira compreensível para o povo que o ouvirá.

O Papa Francisco referencia um de seus professores, que ensinava que a boa homilia deve conter "uma ideia, um sentimento, uma imagem"[62], é uma prática que ele usava com frequência em suas reflexões. O Santo Padre fala também da importância de uma linguagem positiva, que seja propositiva e possa oferecer esperança[63].

---

61 *Evangelii Gaudium*, n. 139.

62 *Evangelii Gaudium*, n. 157.

63 *Evangelii Gaudium*, n. 159. O Papa Francisco trabalha sua proposição de método para a preparação de uma boa homilia em sua exortação *Evangelii Gaudium*, entre os parágrafos 145 e 159.

O Papa Francisco dedicou reflexões acerca da homilia na *Evangelii Gaudium*, destacando sua percepção a respeito da Igreja e suas proposições sobre o caminho que a evangelização ainda precisava percorrer. Da leitura da exortação, podemos inferir que, para ele, as homilias ocupam um lugar central na dimensão da formação do povo de Deus para o autêntico discipulado, o autêntico testemunho de encontro verdadeiro com Jesus Cristo e, então, a centralidade da Palavra na vida e na pastoral depende diretamente do cuidado com esse espaço, onde se combinam perfeitamente as dimensões da oração, do ensinamento e do anúncio da Palavra.

Mas não basta que a Palavra seja bem proclamada nas leituras e bem meditada na homilia; é necessário que a assembleia saiba ouvir. Eis um dos maiores desafios da veneração da Palavra na Liturgia. Conforme já mencionamos, o ritmo da vida contemporânea e a nova forma como o ser humano se comunica no mundo nos deseducaram para a escuta. Nosso tempo nos educou mais para a leitura do que para a escuta, de modo que muitos de nós temos necessidade de acompanhar o texto com a leitura para que ele se torne inteligível, apropriando-se para isso de dois sentidos: visão e audição concomitantemente. Isso é uma questão para a liturgia, porque a dinâmica mistagógica da escuta dialogal é que caracteriza o discípulo como aquele que escuta o Mestre.

Temos dificuldade de concentrar nossa atenção em discursos longos, porque estamos acostumados a textos breves e vídeos curtos que povoam nossas redes sociais, onde passamos longas horas dos nossos dias. Nosso cérebro está educado para esse tipo de foco em conteúdos rápidos. De modo geral, evitamos o silêncio. Então nossas igrejas e capelas estão sempre barulhentas, ora pelas conversas paralelas, ora pelos fundos musicais que irrompem qualquer tipo de silêncio, como se não pudéssemos silenciar. Se a entronização e a incensação são formas de reverência à Palavra, também o deve ser o silêncio. Quando Deus fala, toda palavra humana é silenciada. Enquanto Deus fala, não há fotos, não há movimentação, não há devaneio, não há conversa: nada pode sobrepor-se à voz do Senhor que vem a nós.

Há, ainda, uma forma de oração da Palavra na Igreja que vem sendo negligenciada e para a qual a maior parcela do povo de Deus não possui formação.

Trata-se da Liturgia das Horas. Oração da Igreja por excelência, na Liturgia das Horas se celebra o diálogo entre Cristo e sua esposa, na meditação perene de sua Palavra. Infelizmente, mesmo entre o clero, o hábito e a habilidade de rezar a Liturgia das Horas tem declinado; mais ainda entre cristãos leigos e leigas. Uma forma de oração ainda muito popular e que tem raízes profundamente bíblicas é a oração mariana do terço. Na meditação dos diferentes mistérios e nas próprias orações do Creio, do Pai-Nosso e da Ave-Maria, os textos bíblicos são meditados, repetidos e, inclusive, decorados com vistas ao assentimento de fé e à abertura constante à vida nova em Cristo.

Anunciar | 5

Que este Livro da Lei jamais se afaste da tua boca; medita nele dia e noite, para que tenhas cuidado de agir conforme tudo quanto nele está escrito (Js 1,8).

O Documento de Aparecida propõe que a *Animação Bíblica da Pastoral* seja como uma escola de evangelização inculturada, ou seja, que encontre formas enraizadas nos contextos histórico e cultural para o anúncio autêntico da Palavra e a proposição de Jesus Cristo. Os caminhos para a verdadeira inculturação, portanto, se tornam condição para um anúncio efetivo no mundo contemporâneo.

Desde o princípio, a humanidade sempre quis que suas linguagens encontrassem e comunicassem Deus. Homens e mulheres de todos os tempos fizeram representações de Deus – ou, nessa busca, dos deuses – em esculturas, pinturas, iconografias, histórias contadas e, enfim, textos. O encontro entre Deus e as linguagens humanas, no entanto, sempre resguarda um certo Mistério irreconhecível, velado, que a linguagem não é capaz de abarcar. A experiência cristã convida ao mergulho no Mistério que pode ser experienciado, mas nunca esgotado; pode ser sentido, mas nunca descrito; pode ser conhecido, mas nunca teorizado.

Há, portanto, a Verdade de Deus que escapa às nossas capacidades de expressão, ainda mais se pensamos nessa forma estrita de expressão que é a escrita. Por isso, a linguagem simbólica e metafórica perpassa a Bíblia, do Livro do Gênesis ao Livro do Apocalipse. É mais fácil referir-se ao Mistério de maneira subjetiva, indicando caminhos que serão acolhidos e compreendidos por cada pessoa de modo próprio, do que aventurar-se a uma teorização objetiva e definitiva sobre Deus. A Escritura, a partir dos recursos imaginativos, mantém viva sua capacidade de comunicar Deus porque é construída de maneira simbólica, permitindo aos leitores de diversos tempos o exercício da atualização do símbolo, fazendo com que a obra sobreviva às mudanças de época e, o que é mais difícil, às ressignificações que são próprias do ser humano em sua forma de compreender o mundo e sua existência.

Assim, à Palavra de Deus é inerente uma questão de linguagem cuja adequada compreensão é fundamental para a interpretação e, por meio dela, para a espiritualidade e a práxis pessoais e comunitárias. A Escritura é um texto antiquíssimo e histórico, ou seja, enraizado nas condições próprias de sua época de composição. Seu desafio, porém, é comunicar uma Verdade eterna, que é o próprio Deus e que a ultrapassa no tempo e na existência. A princípio, não haveria correspondência. Isso só se torna possível porque os escritos bíblicos a construíram com base na linguagem simbólica e metafórica.

A modernidade, porém, foi o período em que o ser humano passou a valorizar o *logos* sobre o *mythos*, ou seja, relegou o simbólico a uma forma inferior de linguagem, hipervalorizando a linguagem objetiva e científica. Esse fator aliado à passagem do tempo fez com que perdêssemos as chaves para a compreensão do imaginário simbólico de culturas antigas. É claro que a distância temporal já tornaria esse conhecimento um tanto dificultado, mas a falta de familiaridade com a leitura simbólica o torna quase inalcançável. Daí que um passo fundamental para que a Igreja seja capaz de anunciar a Palavra no mundo de hoje é a recuperação da capacidade humana de compreender Deus por meio do símbolo.

As questões ao redor da linguagem não se restringem, porém, às dinâmicas de expressão de Deus ou de sua descrição, mas também ao fato de que a Igreja tem uma linguagem própria e histórica, que deve adaptar-se aos caminhos históricos da antropologia sem perder a capacidade de comunicar e convidar ao Deus que é Eterno e sempre o mesmo. Ao indivíduo contemporâneo, deve-se uma linguagem própria, portanto, que ainda permaneça capaz de comunicar o Deus que outrora se comunicou na história. Essa não é uma tarefa simples, especialmente porque a antropologia contemporânea apresenta um ser humano fragmentado, marcado por uma crescente fluidez de vontades, prioridades, seguranças e até mesmo identidades. Falar à humanidade de hoje significa falar às humanidades de hoje, o que precisa ser feito de modo cada vez mais criativo, consciente, ao mesmo tempo global e enraizado no local.

Uma urgência nessa dinâmica de comunicação é compreender que a Palavra que comunicamos, na verdade, é uma Pessoa: Jesus Cristo. Não comunicamos um texto ou um livro, mas alguém. A Palavra escrita é, portanto, um dos suportes por meio dos quais a Igreja – comunidade de discípulos – realiza sua missão fundamental: o anúncio. O anúncio da Palavra vem antes de sua oração ou seu ensinamento, é a missão fundamental. Dados os limites da linguagem falada e escrita, e dada a grandeza e o Mistério que envolvem a pessoa de Jesus Cristo, é indispensável compreender que a linguagem falada e escrita não é suficiente para o anúncio: é preciso que a Palavra seja anunciada por meio das mais diversas formas de linguagem à disposição da humanidade.

Houve um tempo em que a linguagem das imagens, das pinturas, dos mosaicos, vitrais e ícones era o principal caminho para o anúncio e o ensinamento a respeito da Palavra, orientando, inclusive, a oração de todo o povo com a Palavra de Deus. Hoje, as linguagens são outras, embora permaneçam relevantes as linguagens outrora utilizadas. Mas é fato que a Palavra precisa ser anunciada por meio da conhecida linguagem das redes, por exemplo.

Há um duplo desafio, portanto, ligado à questão das linguagens: primeiro, a necessária capacidade de propor o anúncio de Jesus Cristo em linguagens que sejam compreensíveis no mundo contemporâneo. Esse será o assunto deste capítulo. Uma vez que a Igreja encontra esse caminho de proposição da Palavra de Deus e quem ouve faz a experiência de livre adesão, também a Igreja deve ser responsável por seu acolhimento em um itinerário formativo que terá por horizonte um segundo desafio: formar, para o aprofundamento do encontro com Jesus Cristo, o mergulho no Mistério. A promoção dessa imersão da pessoa no Mistério é o que chamamos mistagogia. Ela só é possível se passamos a formar uma comunidade capaz de se comunicar pelo símbolo – e a Palavra, escrita em linguagem simbólica, é a academia por excelência desse aprendizado. Essa dinâmica será aprofundada no próximo capítulo.

5.1 O querigma

As mudanças de época pelas quais a Igreja passou e a nova antropologia que marca a contemporaneidade exigem que não se dê por pressuposta a fé, mas se lide com o ser humano contemporâneo como aquele que exerce, mais do que nunca, suas liberdades de escolha e conduta, e em quem permanece o anseio profundo pelo transcendente. O anúncio eficaz será, portanto, aquele capaz de responder a esse anseio por infinito que cada um, naturalmente, carrega consigo, enquanto convida a um caminho de aprofundamento e de experiência no qual se tornará mais conhecido aquele que responde a essa busca inicial. A esse anúncio eficaz chamamos querigma.

Na exortação apostólica *Evangelii Gaudium*, em seu n. 164, o Papa Francisco disse que o querigma "deve ocupar o centro da atividade evangelizadora e de toda a tentativa de renovação eclesial". Querigma deriva do verbo grego *kerisso*, que significa "anunciar", "proclamar", "pregar". Decorre disso que o querigma cristão seja o anúncio. É o anúncio por excelência que também chamamos de primeiro anúncio. Define o Santo Padre que:

> [...] ao designar-se como 'primeiro' este anúncio, não significa que o mesmo se situa no início e que, em seguida, se esquece ou substitui por outros conteúdos que o superam; é o primeiro em sentido qualitativo, porque é o anúncio *principal*, aquele que sempre se tem de voltar a ouvir de diferentes maneiras e aquele que sempre se tem de voltar a anunciar, duma forma ou doutra[64].

O que é, então, esse anúncio fundamental da fé cristã, que tem a força de ir ao "âmago da fé"[65] e responder ao anseio humano por infinito? O anúncio de Jesus Cristo. O querigma não é, portanto, um anúncio sobre Jesus Cristo, um tratado ou um ensinamento teológico sobre Ele, mas é a proposição de Jesus Cristo, Salvador. No anúncio querigmático, Jesus não é apresentado como uma figura histórica de importância ou um personagem literário interessante, mas sim como o Filho de Deus que se encarna, redime e salva a humanidade e continua, pela força de sua graça, a convidar-nos ao seu caminho. Há diferentes formulações do querigma no Novo Testamento, como os exemplos de At 2,14-39 ou 1Cor 15,3-5[66]. O Papa Francisco o formula da seguinte maneira: "Jesus Cristo ama-te, deu a sua vida para te salvar e agora vive contigo todos os dias para te iluminar, fortalecer, libertar"[67].

---

64 *Evangelii Gaudium*, n. 164.

65 *Diretório para a Catequese*, n. 2.

66 O *Diretório para a Catequese*, n. 58, indica diferentes formulações.

67 *Evangelii Gaudium*, n. 164.

O querigma é trinitário. Ele não só se refere à Trindade ao anunciar Jesus Cristo, Filho encarnado, de quem procede o Espírito, como também insere na dinâmica de experiência da Trindade aqueles que o ouvem: é o Pai que chama, por meio do Filho que revela absolutamente o seu amor e age por meio do Espírito em quem o acolhe. A dinâmica do querigma principia pela experiência de quem anuncia: tendo-se encontrado profundamente com Jesus Cristo, aquele que deseja crescer no discipulado, em algum momento, sentirá o ímpeto de dividir a experiência que fez com outros e, então, se torna um evangelizador. O querigma alcança sua finalidade se penetra o coração de quem ouve e gera a livre adesão. Daí que o querigma seja sempre proposição, e nunca imposição.

A Igreja vem indicando a necessidade de que o acolhimento do querigma não seja pressuposto, mas se compreenda que, em um mundo fragmentado como o mundo contemporâneo, poucos entre os que se dizem cristãos fizeram realmente a experiência de acolhimento do querigma. As razões para isso residem na interrupção de muitos processos de acolhimento e amadurecimento da fé por motivos como, por exemplo: o ritmo da vida urbana, as crises familiares que ameaçam a transmissão da fé entre as gerações, o longo espaço de tempo entre o batismo das crianças e seu ingresso na catequese ou as próprias fragilidades da pastoral, tais quais o predomínio de um estilo de conservação e a persistência de uma catequese sacramentalista.

É nesse sentido que muitos iniciados sacramentalmente em nossas comunidades devem ser interlocutores em um processo de segundo anúncio, em que a proposição querigmática volte sempre a ser apresentada: "convém ser realistas e não dar por suposto que os nossos interlocutores conhecem o horizonte completo daquilo que dizemos ou que eles podem relacionar o nosso discurso com o núcleo essencial do Evangelho que lhe confere sentido, beleza e fascínio"[68]. A proposição do querigma se torna, portanto, uma urgência da evangelização contemporânea, para que se possa desencadear processos verdadeiros de encontro com Jesus Cristo, dos quais derive a abertura à conversão.

---

68 *Evangelii Gaudium*, n. 34.

À proposição do querigma corresponde a adesão de fé, livre e completa, por parte daquele que ouve. Nessa dinâmica, os dons do evangelizador ou a abertura de quem escuta são apenas elementos da dinâmica do dom que o Espírito Santo infunde sobre ambos. A adesão de fé não é produzida pela capacidade humana de convencimento, mas é precedida pelo dom. Ensina o Santo Padre que as condições para que possamos aderir ao Senhor e progredir em uma vida santificada, que seja já uma glorificação verdadeira, sejam tanto a adoção como filhos quanto a sua graça, que Ele nos oferece gratuitamente por sua bondade[69]. A Igreja que propõe o querigma é a Igreja que confia na assistência do Espírito, que confirma os dons humanos orientando-os à execução dos desígnios de Deus para a humanidade, e que também sabe que, tendo-nos feito filhos no Filho, quer convidar-nos todos à sua comunhão. É a voz do Pai que nos chama por meio de seu Filho que a proposição do querigma faz ressoar no mundo. E, se muitos acolhem essa proposição e ingressam em um caminho de aprofundamento do discipulado, é porque a voz de Deus ressoa-lhes como uma lembrança do Criador, gravada no íntimo de seus corações.

O querigma é a Palavra de Deus apresentada à humanidade em Jesus Cristo. À força criadora do *dabar* do Antigo Testamento, soma-se a força salvífica do Cristo que, na cruz, restaura a humanidade pela livre doação de si, transformando o madeiro estéril em árvore da vida. A força dessa Palavra anunciada provoca, no coração de quem ouve, as mudanças que sinalizam a eternidade à qual convidam. Essa transformação da pessoa começa pela experiência fecunda e única do encontro com Jesus Cristo e do mergulho em seu amor, o amor do Pai que o Filho dá a conhecer. Então:

> Uma vez abraçado por esse amor, o ouvinte desejará progredir nesta experiência e, então, reconhecerá a necessidade de viver de uma forma nova: eis a abertura à conversão (mudança de rumo), que parte do reconhecimento do pecado (daquilo que na vida se opõe ao novo rumo). Ao lado do reconhecimento da necessária conversão, o ouvinte sentirá

69 *Evangelii Gaudium*, n. 162.

> a necessidade do amparo da graça que o sustentará no discernimento de uma vida batismal e reconhecerá o Espírito Santo como fonte desta graça, que é comunicada por meio da comunidade cristã[70].

É o dom do Espírito que faz com que o querigma seja anunciado e acolhido, mas esse dom se manifesta no discernimento que cada um, alimentado pela vida comunitária, vai aperfeiçoando na arte do anúncio. Assim, nem todo anúncio poderá ser considerado querigmático, ainda que contenha os conteúdos a respeito da salvação a partir de Jesus Cristo. É preciso que o querigma seja proposto a fim de atingir o coração daquele que o ouve de modo a ser percebido como o sentido para a vida, há muito procurado. Não queremos sugerir que o querigma seja um anúncio intimista, que alimenta uma forma individualista de viver a fé, mas, brotando do impulso missionário da comunidade, ele convida a pessoa à vida em comunidade. Por isso, antes de tudo, o anúncio do querigma é um anúncio inculturado, aquele que compreende o sujeito como alguém que constrói sua identidade enraizado em uma cultura, num tempo histórico, no contexto social. Isso invalida qualquer tentativa de estabelecer fórmulas predefinidas para um anúncio eficaz, mas revela a necessidade de que ele seja transmitido de maneiras tão diversas quanto permitirem a criatividade e o conhecimento do anunciador sobre seu ouvinte, enquanto sujeito pertencente a uma comunidade[71].

Enquanto dirige-se ao sujeito coletivo, o anúncio deve também ser adaptado e comunicado ao sujeito individual. Por isso, o querigma é uma proposição pessoal e dialogal. Não se anuncia a grandes massas, mas a cada pessoa, de modo único. Diz o Papa Francisco que as atitudes que caracterizam o evangelizador são "proximidade, abertura ao diálogo, paciência, acolhimento cordial que não condena"[72]. São disposições que se manifestam numa relação cotidiana, próxima, fraterna, não apressada. O evangelizador deve estar disponível a assumir uma

---

70 VENÂNCIO, M. *O querigma*, p. 91.

71 *Evangelii Gaudium*, n. 129.

72 *Evangelii Gaudium*, n. 165.

responsabilidade de contínuo acompanhamento daquele que ouve o querigma e faz sua adesão. Nessa relação pessoal, os moralismos e as regras não têm o primeiro lugar. Assim, a *Evangelii Gaudium*, ao destacar as características predominantes desse anúncio, dirá, especialmente, que a expressão do amor salvífico de Deus deve preceder as exigências morais; que a liberdade seja privilegiada no anúncio da verdade e que a pregação não seja reduzida às pregações filosóficas, mas anuncie a integralidade do Evangelho também em sua dimensão vivencial.

Embora falar de anúncio quase sempre nos remeta àquele anúncio que fazemos com palavras, a proposição do querigma muitas vezes começará pela comunicação do amor de Deus, antes que se possa nomear Jesus Cristo como a fonte da qual jorra esse amor para nós. O anúncio do querigma, na maior parte das vezes, começará em nossas relações interpessoais, quando formos capazes de tornar conhecido o amor de Deus com nossas atitudes de acolhimento, de fraternidade, de respeito, a exemplo da forma como Jesus chegava às pessoas.

Dessa forma, antes de catequizar sobre o Evangelho, o anúncio de Jesus é torná-lo conhecido por meio do seu amor, que toca aquele anseio profundo de eternidade que há no coração de toda pessoa. Uma vez interpelada essa dimensão, em uma relação já estabelecida, o anunciador terá a oportunidade de dizer que essa força tem nome, é Jesus Cristo. Assim, no lugar do proselitismo, o anúncio da Palavra deve ser feito em uma relação de fraternidade que é aos poucos construída. Para o Papa, o primeiro momento do anúncio é sempre o diálogo pessoal, que principia pela escuta do outro, de suas alegrias, esperanças e preocupações. Só depois, a Palavra pode ser anunciada como a epifania do próprio Cristo, que nos convida à salvação e à amizade com ele[73].

Decorre disso que o anúncio do querigma deve ser amparado pela experiência comunitária. Primeiro, porque o evangelizador anuncia em nome da comunidade cristã, que guarda o tesouro da fé cristã para apresentá-lo às gerações. Depois, porque aquele que ouve o anúncio e presta a primeira adesão deverá ser acompanhado em um itinerário de aprofundamento no conhecimento pessoal de Jesus Cristo, a quem acaba de conhecer. Se o anúncio da Palavra tem

73 *Evangelii Gaudium*, n. 128.

em vista o discipulado, só na comunidade se poderá encontrar o amparo para esse aprendizado verdadeiro. Essa é uma das bases da inspiração catecumenal para a catequese: a responsabilidade na Iniciação à Vida Cristã não é reservada a alguns, não obstante o querigma seja um anúncio pessoal, mas é uma tarefa da comunidade cristã. Hoje, multiplicam-se os movimentos de massa que se propõe a anunciar o querigma. Há que se ter o cuidado de não gerar momentos de aparentes anúncios que, na verdade, geram experiências intimistas e ilusórias e, por outro lado, de que o indivíduo que acolhe o querigma não seja abandonado, mas sim acolhido por uma comunidade que possa acompanhá-lo em seu amadurecimento na fé.

Os Padres da Igreja e alguns santos da Idade Média desenvolveram um tipo de exegese da Escritura que muito serviu à dimensão querigmática do anúncio da Palavra, amparada pela consciência a respeito da unidade entre os dois Testamentos. Vistas em unidade, as duas partes da Bíblia escondiam, sob o significado estritamente literal, um segundo significado, centrado em Jesus Cristo e sua Igreja. Em resumo, toda a interpretação do Antigo Testamento poderia estar orientada a Jesus Cristo: na exegese tipológica, cada personagem, acontecimento e instituição do Antigo Testamento tem, além de seu significado literal, também aquele pretendido pelo Autor divino, que já antecipa o que será revelado definitivamente em Jesus Cristo; na exegese alegórica, o princípio é de que o conhecimento de Jesus e a adesão cada vez maior ao seu ensinamento e à sua pessoa possibilitam adentrar os mistérios contidos no Antigo Testamento, uma vez que o próprio Jesus é seu intérprete por excelência. Nela, os Padres procuravam três sentidos, que eram também pontes para se chegar a Jesus Cristo mesmo na leitura do Antigo Testamento: o dogmático, ou seja, referente a Jesus e à Igreja; o moral, que se referia à conduta dos leitores; e o anagógico, que projetava a mensagem de esperança a partir da escuta da Escritura em sua integralidade[74].

Assim, apresentando-se a ABP como um caminho de conversão pastoral, especialmente um caminho de retorno ao encontro com Jesus Cristo, Verbo de Deus, é necessário, antes de tudo, entender que a dimensão do anúncio deve

---

74 SIMIAN-YOFRE, H. *Metodologia do Antigo Testamento*, p. 186-189.

estar centrada no anúncio querigmático, condição para o anúncio eficaz, que dê abertura à ação do Espírito. Em tempos em que a pertença religiosa é marcada pela fluidez, por um relativismo na pertença, a proposição do querigma, no itinerário da vida cristã, deve apresentar-se perenemente, sempre de novo. Isso porque Jesus Cristo é o fundamento e o alicerce para aqueles que um dia acolheram o querigma e responderam afirmativamente à sua proposição, ingressando no caminho do discipulado. Diante do peso dos compromissos e das renúncias, nos momentos de necessário discernimento e nas escolhas mais decisivas, somente a recordação do primeiro amor, da primeira resposta, é capaz de sustentar o discípulo no caminho único que é Jesus Cristo.

5.2 O anúncio profético hoje

A proposição do querigma é a forma como a Igreja, hoje, convida cada pessoa a conhecer Jesus Cristo e tornar-se discípula. Uma vez tendo feita essa adesão, aquele que ingressa no caminho discipular aprenderá a ler a própria vida e o mundo à sua volta à luz de Jesus Cristo, Verbo encarnado, até que se sinta impelido a cooperar para que todos possam experimentar da transformação e da vida nova que ele mesmo experimentou. A fidelidade absoluta a esse desejo de compartilhamento da experiência cristã e plenificação do ser humano e do mundo à luz de Cristo, então, convida os iniciados à profecia. Se o acolhimento do querigma é o primeiro passo no caminho da vida em Cristo, a profecia é o anúncio daqueles que, tendo amadurecido nesse mesmo caminho, se põem ao serviço do compartilhamento da experiência fecunda de ler a vida e projetar o futuro à luz da Palavra.

Aqueles que acolhem verdadeiramente o querigma sentirão a necessidade de ingressar no discipulado de Jesus, a quem vão conhecendo cada vez mais profundamente, e logo se sentem impelidos ao anúncio desse mesmo querigma que transformou sua própria vida. Podemos dizer que a profecia, hoje, é o ápice da dedicação ao anúncio querigmático, tanto como seu anúncio autêntico quanto seu fruto amadurecido. A profecia, enquanto anúncio, no contexto cristão, está profundamente centrada em Jesus e o comunica ao mundo, mais por atitudes do que pela narrativa. Se é necessário buscar linguagens para que o anúncio querigmático seja acolhido como anúncio de sentido, podemos dizer que mais do que nunca a linguagem profética das ações, da coerência de vida, da paixão pelo que se anuncia, da autodoação, é a linguagem capaz de angariar credibilidade no mundo contemporâneo. Por outro lado, a profecia é também desdobramento do acolhimento do querigma. Torna-se profeta aquele que deixou-se olhar tão profundamente por Jesus a ponto de não saber mais viver se não a serviço do Evangelho, mesmo quando ele se tornar mais desafiador.

A reflexão a respeito da profecia ilumina a compreensão da pessoa do profeta. Quem foram os profetas em Israel? Quem são os profetas de hoje? Quem são, hoje, os anunciadores da Palavra? Se, em nossa reflexão sobre o querigma, pensamos sobre o anúncio, seus meios, suas formas, suas decorrências, agora queremos deter nossa reflexão sobre a pessoa do anunciador como aquele que se dedica a dividir com as pessoas de seu tempo a própria experiência, colocando-se a serviço do anúncio da Palavra.

O anúncio profético é a proclamação da Palavra, com sua força absoluta sobre o mundo e sobre as pessoas. É fruto do amadurecimento no discipulado que torna possível ler a própria vida e o mundo à luz da Palavra de Deus. Ele vai além do ensinamento, da admiração pela Palavra, do bom exemplo. É fruto do seguimento absoluto, que não é titubeante, que é totalmente entregue, que se torna capaz de combinar perfeitamente a Palavra e a ação, fazendo da própria vida um anúncio da Palavra de Deus. O anúncio profético exige colocar a Palavra acima de tudo, até dos próprios desejos e dos próprios orgulhos. Não é um exercício fácil para o discípulo; exige tempo, maturidade e abertura total e livre ao dom do Espírito. O profeta é aquele que sabe silenciar as vozes e opiniões próprias para ouvir atentamente o Senhor e, a partir dessa escuta, remodelar a si mesmo e colocar esse novo ser a serviço da Palavra que ouviu.

Para compreender adequadamente a profecia, é preciso retornar ao exemplo dos profetas bíblicos. No Antigo Testamento, os profetas demonstravam já a autenticidade da profecia: eram homens e mulheres que sabiam ler o seu tempo à luz da Palavra de Deus e, então, enxergavam para além das pessoas, dos acontecimentos e do que era normalizado. Hoje o significado da palavra "profecia" está, muitas vezes, desgastado, tendo sido compreendido como adivinhação. Os profetas bíblicos viram realizados muitos de seus oráculos, mas não porque eram adivinhos: eles, na verdade, sabiam ler com sabedoria o presente de tal modo que conseguiam enxergar as consequências inevitáveis.

Os profetas não receberam uma instrução superior, mas aprenderam a ler a Palavra de Deus nos acontecimentos históricos. Fizeram a aliança perfeita entre a Palavra e sua vida, de modo que colocaram sua própria existência absolutamente a serviço da Palavra. A aliança entre Palavra e vida, nos profetas, era já um prelúdio da Encarnação: ela estava de tal modo enraizada na vida e na história que ambas se tornaram a perfeita chave de leitura e interpretação de Deus. O profeta lia a Palavra nos acontecimentos históricos, na vida das pessoas, e ajudava para que as pessoas de seu tempo também aprendessem essa hermenêutica. Deus ia ficando mais próximo de quem ouvia o profeta, mais compreensível para quem o escutava. É claro que tal sabedoria de ler claramente os sinais de seu tempo não era fruto do esforço humano, mas força da graça de Deus neles atuante.

Os profetas tiveram consciência da força da Palavra não só pela contemplação de suas belezas e maravilhas, mas porque sentiram na pele as contradições do seguimento. Nesse sentido é que Jeremias lamenta:

> Tu me seduziste, Senhor, e eu me deixei seduzir; tu me agarraste e me dominaste. Sou motivo de riso o dia inteiro, todos zombam de mim. Porque sempre que falo devo gritar, devo proclamar violência e opressão. Porque a palavra do Senhor tornou-se para mim injúria e ludíbrio o dia inteiro. Quando pensava: 'Não me lembrarei mais dele, já não falarei em seu nome', então sentia em meu coração como um fogo devorador, encerrado em meus ossos. Estou cansado de suportar, não aguento mais! (Jr 20,7-10).

Pela consciência da grandeza da Palavra de Deus sobre eles mesmos, não sobrepuseram à sua missão os seus caprichos e medos, mas retiraram-se de si para que Deus falasse. A palavra do profeta nunca foi dele mesmo, mas a Palavra de Deus. Por isso, o profeta também enfrentou resistências, já que essa palavra nem sempre era fácil de ser ouvida: a Palavra de Deus chama-nos à responsabilidade conosco mesmos, com os irmãos e o mundo à nossa volta, com Deus. Os profetas denunciaram o pecado de seu povo e de seus governantes e, por isso, foram rejeitados.

Precisamente por carregarem a Palavra de Deus, os profetas eram homens que remavam contra a corrente. Em tempos de tranquilidade e aparente prosperidade, denunciaram os pecados do povo e seu distanciamento de Deus. Em tempos de desespero, lembraram a aliança e anunciaram a misericórdia divina. Os primeiros profetas, nos reinos de Israel e Judá, estiveram totalmente dedicados à denúncia da injustiça social, que era fruto da transgressão da Lei. Antes do Exílio Babilônico, desde o tempo da monarquia até o século VII a.C., era comum uma vivência da Lei de Deus que se restringia ao culto. Sacrifícios eram oferecidos em honra a Deus, o Templo e a monarquia eram símbolos de *status* – não de serviço ao Senhor – e as classes menos favorecidas sofriam cada vez mais o peso do empobrecimento e da indiferença. Os profetas levantaram sua voz diante dessa situação denunciando um seguimento deturpado da Lei. Amós, por exemplo, anunciou oráculos terríveis contra o povo que dava às costas ao pobre e ao indigente:

> Ouvi esta palavra, vacas de Basã, que estais sobre o Monte da Samaria, que oprimis os fracos, explorais os pobres e dizeis aos vossos maridos: 'Trazei-nos o que beber!' O Senhor Deus jurou por sua santidade: Sim, virão dias sobre vós, em que vos arrastarão com ganchos e o que sobrar de vós, com arpões. Saireis pelas brechas, uma após a outra, e sereis tocadas para o Hermon – Oráculo do Senhor (Am 4,1-3).

Já Miqueias, em meio às denúncias, também recordou a chave para o seguimento verdadeiro: "nada mais do que praticar o direito, amar a bondade e caminhar humildemente com teu Deus!" (Mq 6,8). Assim, os profetas, enquanto anunciavam o juízo, também foram, em meio ao povo, a memória autêntica da Lei de Deus, que parecia esquecida no coração e lembrada somente nas práticas exteriores dos sacrifícios, porque conclamaram a um seguimento verdadeiro: "Porque eu quero amor e não sacrifícios, conhecimento de Deus mais que holocaustos" (Os 6,6).

Muitas vezes os profetas fizeram de suas próprias vidas anúncios concretos da Palavra que Deus dirigia a seu povo. Isso se revela muito claramente nas ações simbólicas que permeiam a literatura profética. Muitas vezes lidas como loucura pela psicologia, eram também estranhas aos que conviviam com o profeta, certamente. Mas chamavam atenção e convidavam à reflexão, de modo que todo aquele que se estranhasse, inevitavelmente se encontrasse com a Palavra anunciada. Um exemplo é a ação simbólica de Ez 4,1-17.

Mas não só a denúncia é uma palavra dura para os que transgridem a Lei. Por incrível que pareça, também o anúncio da esperança é dicotômico: é consolo para os aflitos, é dureza para os que estão abandonados à desolação. Os profetas do exílio foram homens da esperança, sobretudo. Esperaram que a humanidade tivesse jeito, apesar de suas transgressões, e por isso dedicaram sua vida a profundas humilhações em nome do convite à conversão. Esperaram com seu povo suas expectativas mais profundas, e viram-nas frustradas quando não correspondiam ao projeto de Deus. Mas, sobretudo, esperaram a libertação quando o povo sofria as duras penas do exílio. Ezequiel recebe sua vocação quando vai para o Exílio Babilônico. Deus o chama em meio à angústia e o faz porta-voz da libertação na qual, antes de tudo, ele mesmo crê. Quando tudo parecia perdido, como em um vale de ossos, Ezequiel tem a audácia de confiar em um Deus libertador que os devolverá à vida e carrega seu povo consigo nessa esperança.

Jesus Cristo assume para si a identidade profética, de anunciar-se a si mesmo, Ele que é a Palavra de Deus encarnada, e convidar as pessoas a uma nova vida. Jesus teve atitudes de denúncia contra os que deturpavam a Lei – vendilhões no Templo, confronto com os fariseus – e também tirou da desolação, com sua Palavra eficaz, aqueles que sofriam: acalmou tempestades, curou doentes, acolheu rejeitados, alentou com misericórdia os corações arrependidos. Quantos, em nosso tempo, viveram o discipulado a Jesus Cristo como a inspiração nesse modelo profético? Muitos lutaram por esperanças que, na lógica da sociedade contemporânea, pareciam absurdas, só porque escolheram acreditar na humanidade, redimida por Jesus, e, sobretudo, acreditaram que esperar em Deus "jamais decepciona" (Rm 5,5). Foram homens e mulheres que manifestaram sua fé em Jesus na defesa dos que Ele ama.

A profecia não está morta, como muitos dizem. A profecia permanece viva na ação daqueles profetas anônimos que dedicam sua vida ao anúncio da Palavra no modelo dos profetas bíblicos, que se torna o modelo de Jesus: na denúncia da opressão e no anúncio da esperança. A *Animação Bíblica da Pastoral* é, também, o serviço à formação de comunidades proféticas em nosso tempo: verdadeiramente seguidoras da Palavra, verdadeiramente comprometidas com sua realização no hoje da sociedade.

Os profetas sempre compreenderam muito bem as pessoas de seu tempo e, embora na iconografia ou em nosso imaginário eles sejam velhos anciãos de barbas brancas, eles eram, na verdade, jovens em espírito e criativos anunciadores. Souberam encontrar a linguagem adequada às pessoas de seu tempo, garantindo que a Palavra não fosse jogada ao vento, mas fosse diretamente semeada nos corações. Hoje, também é necessário que a profecia percorra caminhos que outrora sequer existiam, as chamadas periferias – urbanas e existenciais – que hoje abrigam diversos excluídos e marginalizados pela força de nossas transgressões individuais e comunitárias; às vezes, relegados a tais periferias pela nossa deturpação da fé.

Uma das maiores profecias em nosso tempo é a profecia do diálogo. Deus convidou-nos ao diálogo em sua Palavra, e o profeta é aquele que experimenta desse diálogo, porque ouve a Palavra, a reconhece como uma mensagem sempre presente nos acontecimentos e nas pessoas, e sente também que Deus lhe escuta com atenção. Por isso, marca o mundo com o diálogo, expressão humana da imitação de Deus que se revela. Nosso tempo é marcado por lutas armadas e violência entre povos e nações; pela guerra simbólica entre os que são diferentes na xenofobia, no preconceito, no egoísmo; pelo silenciamento dos que estão fora da Igreja, a quem não queremos ouvir; pelo fechamento em grupos excludentes que se cercam das mesmas opiniões para não precisarem dialogar com o outro. Compreender as diferenças como dons e não como ameaças, abrindo-se à escuta do outro, é um gesto profético hoje.

Em um mundo que rejeita profundamente os que são estrangeiros, a hospitalidade fraterna é uma profecia. As grandes nações fecham-se aos estrangeiros, migrantes, mas também nossa sociedade afasta cada vez mais os que foram relegados às periferias urbanas e existenciais. Os que vivem em situação de rua, por exemplo, nos são tão estranhos quanto os estrangeiros que não falam nossa língua. Abrir o território de si mesmo para o acolhimento, abrir as portas de nossas casas para a caridade fraterna, abrir a Igreja para acolher os que caminham longe dos preceitos são atitudes proféticas.

A compaixão pelos que sofrem as dores do corpo e também os males psíquicos é outra forma de profecia cuja voz é forte hoje. Os que, na Igreja, e em diversos âmbitos da sociedade, se dedicam à ação caritativa para com os pobres, os que passam fome, as crianças abandonadas, os enfermos, os idosos que estão solitários, são ouvidos e respeitados como profetas em nosso tempo. Eles ouviram, no Evangelho, a compaixão de Jesus e decidiram assumi-la como seu modo de ser discípulo. Aliaram perfeitamente a Palavra que ouviram às suas ações e, por isso, mais do que as palavras, os seus testemunhos têm credibilidade.

O Papa Francisco – grande profeta em nosso tempo – chamava a atenção para a necessária profecia em favor da Casa Comum. Para ele, é urgente que nos tornemos sensíveis ao grito da Terra, assim como ao grito dos pobres, como um sinal de fidelidade a Deus que nos colocou como guardiões da Criação. Hoje, são muitas as ameaças à Casa Comum: a ganância humana explora os recursos naturais segundo a medida do lucro; as grandes nações não cumprem suas promessas em favor do combate à crise climática; florestas continuam a ser desmatadas e animais continuam a ser mortos pelos interesses econômicos do ser humano; os povos originários, verdadeiros guardiões da Terra, continuam a ter seus direitos cada vez mais cerceados. Atualmente, o compromisso da Igreja com a Casa Comum vem sendo reconhecido, por aqueles que estão fora de nossos círculos eclesiásticos, como sua mais veemente voz profética no mundo de hoje.

Por fim, o anúncio da esperança precisa ser visto também como profecia urgente hoje. O estilo imediatista da vida que levamos vem fazendo com que as novas gerações percam o senso do futuro: desejam realizações imediatas; não acreditam no futuro em um mundo em crise; não desejam sequer ter filhos, dadas as emergências climáticas que enfrentamos; não sabem projetar um futuro, porque o mundo é rapidamente mutável; acreditam e desejam o que pode ser tocado e visualizado, mas não têm interesse por discursos abstratos, que parecem utópicos. Como situar o anúncio da esperança cristã nesse cenário? Proclamar e esperar o céu e o Reino como realidades que virão, mas cujos sinais já podemos conhecer aqui, é profecia.

Algumas outras formas de profecia poderiam ser reconhecidas como necessárias a nosso tempo. A leitora e o leitor poderão fazer esse exercício de reconhecer a profecia a partir das questões: quem são os profetas que conhecemos no passado? Quem são os profetas que conhecemos hoje? Quais as outras vozes proféticas necessárias ao tempo atual? Mais do que nunca, permanece relevante a percepção de São Paulo VI na encíclica *Evangelii Nuntiandi*: "O homem contemporâneo escuta com melhor boa vontade as testemunhas do que os mestres [...], ou então se escuta os mestres, é porque eles são testemunhas"[75].

---

75 *Evangelii Nuntiandi,* n. 41.

Ensinar | 6

Os que forem instruídos brilharão como o esplendor do firmamento; e os que instruírem a muitos para a justiça, brilharão como as estrelas sempre e eternamente (Dn 12,3).

No capítulo precedente, falamos sobre o desafio contemporâneo da linguagem. A dinâmica de proposição da Palavra de Deus depende da criatividade em novas linguagens que sejam capazes de comunicar, ao ser humano de hoje, a Boa-nova que a Igreja transmite desde Jesus Cristo. Uma vez encontrados os caminhos efetivos para esse anúncio, porém, é necessário que a Igreja continue a acompanhar aqueles a quem Deus chamou por intermédio de sua Palavra, a fim de que eles possam amadurecer e progredir no discipulado. Nesse acompanhamento, toma lugar a dimensão do ensinamento.

Há, na Igreja, uma diversidade de ministérios e serviços dedicados ao ensinamento da Palavra. O decreto do Concílio Vaticano II, *Christus Dominus* (1965), por exemplo, reflete sobre o múnus do ensinamento atribuído aos bispos, em função da sucessão apostólica. Exorta o decreto que um dos principais deveres dos bispos é ensinar e anunciar o Evangelho aos seres humanos, convidando-os a viver e confirmar a fé, na fortaleza do Espírito. Nisso consiste seu múnus do ensinamento[76]. Ainda segundo o Concílio, o método para esse ensinamento deve ser a "solicitude maternal da Igreja para com todos" e o "especial cuidado dos pobres e dos fracos"[77]. Os presbíteros associam-se ao bispo nessa tarefa ao receberem dele essa atribuição em um determinado território da Igreja local.

Entre os ministérios laicais, sem dúvidas, o Ministério de Catequista é aquele mais facilmente reconhecido nas diferentes comunidades, especialmente no contexto brasileiro, como o ministério associado ao ensinamento da Palavra de Deus. Não são somente os catequistas os responsáveis pelo ensinamento da Palavra, mas é fato que eles são mais facilmente reconhecidos como homens e mulheres da Palavra. De fato, o serviço catequético foi, desde sempre, dedicado à

76 *Christus Dominus*, n. 12.

77 *Christus Dominus*, n. 13.

instrução, especialmente nos processos iniciáticos, mas não uma instrução conforme o sentido acadêmico que no mundo contemporâneo a palavra ganhou. O serviço catequético esteve, nas origens da Igreja, relacionado à introdução à vida cristã dos novos adeptos a Jesus Cristo. Essa instrução, portanto, estava relacionada à transmissão da Palavra de Deus, da qual derivam os conteúdos da fé, mas sempre esteve inserida em um itinerário mistagógico que visava formar aqueles que buscavam o batismo para a compreensão de Jesus Cristo segundo a linguagem própria do Mistério.

A expansão do cristianismo como religião oficial do Império Romano, os batismos em massa e a rápida expansão da Igreja trouxeram impactos sobre os processos iniciáticos e, com o passar dos séculos, a catequese foi se tornando uma ferramenta de formação intelectual da fé, com vistas à recepção dos sacramentos. Principalmente a partir do Concílio Vaticano II, a Igreja percebeu que as novas interpelações da modernidade exigiam uma Igreja que retornasse às fontes, recuperando no exemplo das primeiras comunidades as alternativas para o anúncio de Cristo em um contexto de crise. Esse movimento de retorno às fontes exigiu que também a catequese voltasse ao catecumenato dos primeiros séculos como modelo, abandonando um modelo escolar de instrução para transmitir a Palavra e a Tradição de maneiras novas e criativas, centradas em Jesus Cristo e no convite ao seu encontro autêntico que tivesse por método a introdução no Mistério como forma de familiarizar os que eram iniciados à linguagem da fé.

Essa série de mudanças exigidas pelo movimento de retorno às fontes traz-nos a novas realidades no que concerne ao ensinamento da Palavra no âmbito catequético, mas também deixa evidente o quanto a catequese a serviço da Iniciação à Vida Cristã é o espaço privilegiado para uma adequada iniciação bíblica que vá além do âmbito intelectual da formação, tenha a Palavra como via para a experiência mistagógica e cultive a oração com a Palavra de Deus. Por isso, neste capítulo, trabalharemos a Iniciação à Vida Cristã como o momento por excelência para o ensinamento da Palavra de Deus – sempre a partir da oração com a Palavra como método fundamental –, depois dedicaremos nossa reflexão a pensar o ministério do catequista nessa dinâmica e, por fim, refletiremos sobre outras formas e outros momentos da formação bíblica em nossas comunidades eclesiais.

6.1 Iniciação à Vida Cristã

O fundamento para o ensinamento da Palavra pela Igreja está no mandato que o Ressuscitado dirige aos seus discípulos: "Ide, pois, fazei discípulos meus todos os povos, batizando-os em nome do Pai e do Filho e do Espírito Santo, ensinando-os a observar tudo quanto vos mandei. Eis que eu estou convosco, todos os dias, até o fim do mundo" (Mt 28,19-20). O conteúdo do anúncio dos discípulos é a Palavra, que é Jesus, a quem eles conheceram, e tudo aquilo que Ele lhes transmitiu. A missão é o convite de todos ao discipulado, como caminho de aprofundamento e aprendizado da vida nova em Cristo, assumida no batismo.

A comunidade cristã, após a Ressurreição de Jesus, logo se dedicou a cumprir o mandato do Senhor por meio do anúncio da Boa-nova do Evangelho, alcançando a conversão e batizando muitos que se encantavam por Jesus Cristo. Com o crescimento das comunidades cristãs e o necessário acompanhamento dos que aderiam à fé em Jesus, foi surgindo um itinerário processual, em que os adeptos eram acompanhados e, pouco a pouco, inseridos na comunidade cristã.

O catecumenato, nos primeiros séculos, era destinado aos não batizados, que ouviam o anúncio de Jesus Cristo e ingressavam em um caminho de acompanhamento pessoal e inserção gradual na comunidade cristã. O Concílio Vaticano II propôs que a Igreja, no século XX, fizesse memória desses itinerários personalizados e restaurasse sua prática de evangelização e catequese no mundo de hoje, iniciando um processo em que a catequese seria vista e valorizada ainda mais como serviço à Iniciação à Vida Cristã do povo de Deus. O decreto conciliar *Ad gentes*, junto à constituição *Sacrosanctum Concilium*, firmou o compromisso de conciliação com a restauração do catecumenato antigo, pedindo que aqueles a quem se tinha anunciado a fé fossem admitidos a um novo processo catecumenal, como uma formação na vida cristã que não incluísse apenas o aprendizado de normas, preceitos e dogmas da fé, mas que representasse uma verdadeira iniciação na dinâmica da vida da fé, da liturgia e da caridade do povo de Deus[78]. O catecumenato antigo, em geral, era um processo de acompanhamento

78 *Ad Gentes*, n. 14.

personalizado, no qual os introdutores e catequistas, bem como toda a comunidade, observavam a progressão que o catecúmeno demonstrava, como abertura constante ao convite da vida em Cristo e adesão cada vez mais livre e consciente. Esse modelo iniciático, portanto, não ficava preso a períodos de duração definidos anteriormente, mas acompanhava o caminho pessoal feito pelo catecúmeno.

O pedido do Concílio a respeito da restauração dos ritos litúrgicos do catecumenato antigo, presente na constituição dogmática *Sacrosanctum Concilium* (n. 64-66), teve como fruto a publicação do Ritual da Iniciação Cristã de Adultos (RICA), em 1972, que é atualmente a referência litúrgica para o caminho de Iniciação à Vida Cristã (IVC). O RICA apresenta os ritos e os significados dos diferentes tempos e etapas que compõem o itinerário do catecumenato dos não batizados. Nos tempos atuais, no entanto, não é possível compreender a Iniciação à Vida Cristã como a simples aplicação do RICA, conforme acaba acontecendo em muitas realidades. Primeiro, porque o RICA deve acompanhar um processo mais amplo de acompanhamento personalizado da pessoa, que é responsabilidade de toda a comunidade cristã. Depois, porque temos um cenário muito mais complexo que envolve a IVC em nossas comunidades.

Esse cenário nos revela que além das pessoas que acolhem o anúncio querigmático já na idade adulta e então ingressam no caminho da IVC sem terem sido ainda batizadas ou feito qualquer experiência de vida cristã, há os que são adultos, adolescentes e crianças já batizados que, por algum motivo, ainda não concluíram seu itinerário iniciático e voltam para fazer esse caminho. Por esse motivo muitas celebrações do RICA não se aplicam a essas pessoas; elas sequer podem ser denominadas catecúmenos. Há ainda o cenário mais complexo, presente em grande parte das comunidades cristãs, daqueles que receberam os sacramentos da Iniciação à Vida Cristã, mas não foram efetivamente iniciados. Somam-se a essas complexidades alguns resquícios de uma longa prática de catequese sacramentalista que persiste em nossas estruturas pastorais: nossa dificuldade em manter itinerários individualizados de acompanhamento, com a necessidade da padronização do tempo de duração de cada período da IVC, a escassez de cristãos verdadeiramente iniciados que possam dedicar-se ao acompanhamento de outros e as próprias diferenças que nossas comunidades têm hoje em relação àquelas primeiras, nas quais o catecumenato antigo era aplicado, por exemplo.

É por isso que a Igreja propõe uma restauração do catecumenato que não se restrinja às poucas situações em que ele poderá ser simplesmente aplicado, mas que se dê em termos de inspiração catecumenal. O Diretório para a Catequese[79] (2020) associa a inspiração catecumenal à catequese de Iniciação à Vida Cristã, destacando que o próprio batismo já recebido é o fundamento do processo pessoal de conversão. Na verdade, a proposta da inspiração catecumenal é retomar, desde o exemplo dos antigos itinerários catecumenais, as dimensões fundamentais e estruturantes da IVC, de modo que possam ser aplicadas hoje, nas diferentes realidades próprias à contemporaneidade, de formas criativas.

O objetivo desta seção é recuperar esses elementos fundamentais da inspiração catecumenal e entender de que maneira eles estão relacionados à Palavra de Deus. Isso poderá nos ajudar a perceber a fundamental relação entre a Palavra e a Iniciação à Vida Cristã, especialmente na dimensão do ensinamento que, dentro da proposta da *Animação Bíblica da Pastoral*, deve ser mais bem compreendida na direção da interpretação e do conhecimento da Palavra com vistas à transmissão da fé e não somente do aprendizado intelectual da Escritura.

A primeira característica de uma catequese de inspiração catecumenal é seu aspecto querigmático. O Diretório para a Catequese (2020) diz que não se pode fazer distinção entre catequese e querigma, porque ela é sempre a proposição do encontro com Jesus Cristo, que deve renovar-se em toda a vida cristã. Assim, a catequese vai além do ensinamento sobre o Evangelho, mas é o ambiente da renovação desse encontro com o Senhor que se faz pela experiência fraterna de seu amor na vida comunitária. Isso não se deve restringir a um tempo inicial na catequese, mas estender-se por todo o período da Iniciação à Vida Cristã e, dele, para toda a experiência da vida em Cristo.

No capítulo anterior, refletimos a respeito do querigma na evangelização e percebemos a centralidade da Palavra de Deus nessa proposição. A Palavra carrega consigo não só o conteúdo sobre Jesus Cristo, sua vida e ministério, como

79 *Diretório para a Catequese*, n. 61.

também, e principalmente, é lugar de encontro com a pessoa do Filho. A proposição do querigma terá sempre forte fundamento bíblico, especialmente na medida em que a Palavra e sua manifestação ao ser humano puderem ser relacionadas à encarnação do Filho, em quem as promessas da primeira Aliança se tornam definitivas. O ensinamento do Evangelho e de sua interpretação, na perspectiva orante e em unidade com toda a Escritura, na catequese a serviço da Iniciação à Vida Cristã, será feito com vistas ao acolhimento do querigma e à explicitação desse acolhimento, afinal, será o primeiro passo para o conhecimento de Jesus Cristo e para o amadurecimento em seu discipulado. Tem base no ensinamento de Jesus presente nos Evangelhos também a dimensão da fraternidade social, na qual encontramos uma forma de proposição do querigma.

Ao lado do querigma, como pilar fundamental da inspiração catecumenal, está a mistagogia como fio condutor. No itinerário do catecumenato, a mistagogia denomina o último dos quatro tempos, aquele em que os neófitos aprofundam o sentido da vida sacramental da qual já participam, para que sejam capazes de mergulhar mais profundamente no Mistério. Esse mergulho se dá pela contemplação dos símbolos e dos ritos, conduzindo cada um a uma experiência própria, educando para a compreensão da linguagem simbólica da fé.

Não é possível ensinar intelectualmente o Mistério, mas familiarizar os que estão no itinerário da IVC com os símbolos que, interpretados por cada pessoa, possibilitam um acesso único e pessoal, amparado pela experiência comunitária, ao Mistério de Jesus Cristo. Essa educação para o simbólico é, também, uma via de ensinamento da interpretação da Palavra, uma vez que toda ela é a comunicação de Deus por meio do simbólico da linguagem. Sem a capacidade de compreender a metáfora, a aproximação com a Escritura produz uma leitura literalista que, na maior parte das vezes, até impedirá a contemplação de Deus que fala em linguagem humana. Assim, na catequese, não é só a leitura do Evangelho no início do encontro que garantirá a centralidade da Palavra, mas também o caminho mistagógico permitirá crescer na leitura da Bíblia e, por meio dela, na escuta da Palavra.

A inspiração catecumenal também tem uma dimensão de formação sistematizada, com vistas à profissão de fé. No itinerário do catecumenato, a explicitação dos conteúdos da fé é o coração do segundo tempo, após a demonstração do acolhimento do querigma e antes da celebração da abertura à conversão que precede a celebração dos sacramentos. A expressão "catecumenato" deriva do verbo grego *katecheo*, que significa fazer ressoar, ecoar nos ouvidos a Palavra de Deus. A catequese de inspiração catecumenal inicia catequizandos e catecúmenos na escuta da Palavra de Deus.

O tempo propriamente chamado de catecumenato tem por objetivo, segundo o Diretório para a Catequese, que o catequizando ou catecúmeno seja capaz de professar a fé como decorrência do seu amadurecimento no discipulado, e isso se faz com o auxílio da instrução na fé[80]. Para a catequese de inspiração catecumenal, isso quer dizer que a inserção na vida em Cristo depende, não unicamente, mas como ponto fundamental, da compreensão intelectual da fé que se professa. Nesse âmbito, a Palavra ocupa lugar central, especialmente na forma como a Tradição da Igreja a interpretou ao longo dos séculos e na forma como o Magistério a interpreta hoje. Essa instrução na Palavra, que é um dos pontos fundamentais da inspiração catecumenal, não deve ser uma instrução puramente teológica, exegética ou histórica, mas, recuperando elementos dessas ciências, deverá ser, sobretudo, a instrução para a oração com a Palavra e para a adesão de fé que gere o desejo de uma vida nova e coerente com as verdades de fé acolhidas e professadas.

A Igreja é a comunidade daqueles que escutam a Palavra de Deus e depois, com palavras, ritos, gestos e testemunho, a comunicam às novas gerações de cristãos. Essa é a dinâmica da transmissão da Palavra na Igreja, inaugurada por Jesus Cristo quando confiou seu ensinamento aos Apóstolos e mandou que eles exercessem a missão do ensinamento. Os ritos do itinerário catecumenal, que devem ser adequadamente adaptados às condições dos que são iniciados, celebram essa dinâmica de transmissão. Na entrega do Símbolo (o Creio), por exemplo, a comunidade professa a fé diante daqueles que ela mesma acolhe, como forma de entregar a eles o tesouro que a própria comunidade recebeu dos que a precederam (*traditio*). Tendo recebido a fé pela escuta, no dia da celebração dos sacramentos da Iniciação Cristã, os iniciados devolvem essa mesma recitação

---

80 *Diretório para a Catequese*, n. 34.

da fé à Igreja, proclamando-a como sua (*reditio*), como sinal de cooperação e reciprocidade. Assim orienta o RICA:

> Assinalando o tempo ou uma etapa da formação dos catecúmenos, a Igreja lhes confia com amor os documentos considerados desde a antiguidade como o compêndio de sua fé e oração.[81] Realiza-se em primeiro lugar a 'entrega do Símbolo', que os eleitos guardarão de memória e recitarão em público antes de professarem, no dia do batismo, a fé que ele expressa.[82]

Aqui há um exemplo de como os gestos educam para a escuta da Palavra que precisa de atenção. Em nossas comunidades, temos o costume de produzir cartõezinhos de papel com a oração para que seja entregue às crianças, aos jovens e adultos que participam das celebrações de entrega. Essa prática traz o risco de que se reduza ao papel o que é entregue, quando a verdadeira entrega é das verdades de fé proclamadas pela comunidade: o veículo da entrega é a voz da assembleia, não o papel impresso. O papel poderia ser simbólico como recordação desse dia, mas ele representa mais uma cessão à nossa preferência contemporânea pelo concreto em detrimento do que é simbólico. Explicar aos catequizandos e catecúmenos, e também à comunidade, que a entrega é da oração professada em voz alta pela assembleia torna o gesto mais significativo para quem o celebra, faz da comunidade participante mais ativa no processo iniciático e educa para o simbólico da escuta da Palavra, que caracteriza a leitura da Palavra com a Igreja.

De modo semelhante se deve fazer a entrega da Bíblia, muito comum nos itinerários iniciáticos no Brasil: nessa celebração, destacamos toda a reverência dada ao Livro Sagrado, trazendo-o em procissão, fazendo sua entrega a cada iniciando. No entanto, esse dia não pode ser celebrado como o dia em que a comunidade presenteia os seus catequizandos e catecúmenos com um exemplar da Bíblia, mas como o dia em que, com a comunidade, eles se tornam ouvintes comprometidos da Palavra que lhes é proclamada.

---

81 RICA, n. 181.

82 RICA, n. 183.

É preciso ainda observar a que horizonte indica o itinerário catecumenal, que se torna também chave para a leitura e o seguimento da Palavra. É a conversão e a missão. A escuta da Palavra, na formação do discípulo, visa apresentar Jesus e o Reino, de modo que aquele que é realmente iniciado à vida cristã passa a desejar, absolutamente, viver em consonância com a sua esperança futura de contemplar o Senhor face a face e habitar definitivamente em seu Reino. Essa esperança gera a conversão, que também antecipa o Reino por meio de sinais com os quais a graça de Deus marca o coração do iniciado e, por meio dele, o mundo à sua volta. Experimentar essa realidade gera o impulso missionário de anunciar Jesus Cristo e, assim, convidar outros a seu seguimento.

6.2 Outros ambientes

Há, ainda, o desafio de iniciar ao conhecimento e à interpretação da Palavra aqueles que receberam os sacramentos da Iniciação à Vida Cristã, mas não foram devidamente iniciados. Na verdade, todo o caminho iniciático deve voltar a ser proposto, desde o acolhimento do querigma até à experiência mistagógica, como fruto de uma participação ativa e consciente e de uma adesão verdadeira ao Evangelho, que conduz a pessoa à conversão. A necessidade de uma nova proposição do querigma aos iniciados visa à autenticidade da experiência pessoal de encontro com Jesus Cristo e à pertença comunitária. Essas pessoas representam a maior parte de nossas comunidades. Dado que a Palavra de Deus é sempre viva, também aos que foram adequadamente iniciados devem ser oferecidos espaços de formação permanente, que convidem ao aprofundamento da experiência com a Palavra e permitam escutá-la de modo sempre enraizado na vida e orientado pelo Magistério eclesial.

O serviço da *Animação Bíblica da Pastoral*, organizado em uma Igreja local, tem a tarefa de dinamizar e oferecer esses espaços de formação permanente, não só para os que fazem parte do grupo da ABP, ou para os catequistas e coordenadores de Círculos Bíblicos, mas para toda a comunidade. Um caminho é oferecer às diferentes pastorais e aos movimentos oportunidades específicas de formação na Palavra, de modo que se associe àquilo que já realizam e não gere uma sobrecarga de atividades e eventos; mas é preciso que se tenha em vista também aqueles que, presentes em nossas assembleias litúrgicas, não estão diretamente associados a alguma pastoral ou movimento.

Assim, para além da catequese de Iniciação à Vida Cristã com inspiração catecumenal, também são lugares do ensinamento da Palavra na Igreja as próprias homilias, pelas quais o povo de Deus é formado para a interpretação da Palavra, em sua unidade entre Escritura, Tradição e ensinamento magisterial, atualizando-a para que seja possível iluminar os diversos âmbitos da vida com sua luz. Os diferentes momentos orantes ao redor da Palavra são lugares do ensinamento; os Círculos bíblicos, por exemplo, nos quais, de modo muito simples, todo o povo vai sendo formado para uma autonomia na leitura e compreensão da Bíblia, aprendendo a interpretá-la a partir das chaves que o Senhor mesmo oferece por meio dos acontecimentos da vida. Por fim, podemos citar as formações bíblicas oferecidas como suporte à formação dos agentes de pastoral ou demais interessados da comunidade. Nesse sentido, no contexto brasileiro, ganham destaque as escolas bíblicas presentes por todo o país e as iniciativas específicas de formação e oração, on-line ou presenciais, que são dinamizadas a partir da proposição do Mês da Bíblia, com o auxílio de inúmeras instituições bíblicas.

Importa observar que, mesmo com a categorização feita pelo Documento de Aparecida – e, depois, acolhida pela *Verbum Domini* e pelo episcopado brasileiro, por exemplo – da ABP com escola de interpretação ou conhecimento da Palavra, a dimensão do aprendizado intelectual sobre a Palavra escrita e transmitida deve sempre ser compreendida em sua unidade com a dimensão orante e com a dimensão do anúncio – este último sendo ponto de partida, que convida ao discipulado da Palavra, e também a finalidade desse mesmo discipulado. Assim, o ensinamento da Palavra na Igreja é mais que estudo: passa pelo aprendizado intelectual, mas deve despertar no indivíduo a experiência de encontro na oração, que transforma pessoalmente, abrindo à conversão, e convidando ao testemunho, à caridade, ao martírio.

Ministérios a serviço da Palavra | 7

Senhor, para quem iríamos? Tu tens palavras de vida eterna (Jo 6,68).

No final do Evangelho de João, Pedro faz um caminho significativo de compreensão a respeito do messianismo de Jesus, da Cruz à Ressurreição. Na Ceia do Lava-pés, ele é relutante com Jesus, porque ainda não consegue entender que o Senhor e Mestre possa abaixar-se na atitude mais humilde de serviço. Embora ele esteja disposto a dar a vida por Jesus (Jo 13,37), o que lhe falta é entender que Jesus é Senhor e Mestre precisamente porque não precisa que outros deem a vida por ele: ele mesmo a dará, livremente, pelo resgate de todos. Caminhando o caminho do Mestre, Pedro contemplará sua entrega e, ao fim, será capaz de entrar no túmulo com Jesus (Jo 20,4) e contemplar a Ressurreição. Só então estará pronto para receber de Jesus sua grande missão: "Apascenta as minhas ovelhas" (Jo 21,17).

Mesmo antes de passar por tal processo, no entanto, Pedro já demonstrava sua total entrega ao discipulado de Jesus, tendo feito, desde muito cedo, uma experiência verdadeira de encontro com o Senhor, que se traduzia em uma opção firme e decidida por Ele e pelo seu projeto. No Evangelho de João, essa radicalidade no seguimento demonstra-se no episódio em que os discípulos são confrontados com a dureza da Palavra de Jesus; muitos não suportavam suas exigências e iam embora, dizendo: "Estas palavras são duras! Quem pode escutá-las?" (Jo 6,60). Ao ser confrontado por essa possibilidade, Pedro dá um belo testemunho: "Senhor, para quem iríamos? Tu tens palavras de vida eterna" (Jo 6,68).

O serviço à Palavra, hoje, precisa ser veemente como a resposta de Pedro. As exigências do seguimento nos põem na contramão do conforto e da facilidade, mas o anúncio da Palavra ganha sentido se fixamos nossos olhos no horizonte que ela mesma anuncia: a eternidade. Nesse sentido, a autenticidade do serviço à Palavra começa por essa experiência de encontro verdadeiro com Cristo em sua Palavra, porque ouvi-la faz-nos perceber um sinal da eternidade para a qual ela aponta – no convite a uma nova vida, na consolação que dela advém, na comunidade que encontramos a partir de sua força criadora. E, então, o anúncio torna-se veemente em nosso tempo quando somos capazes de deixar que os outros, ao verem nossas "boas obras", vejam, antes, que elas são a obra que a Palavra mesma realizou em nós e por meio de nós.

7.1 O ministério ordenado

O já mencionado decreto conciliar *Christus Dominus* trata do serviço pastoral dos bispos. Na verdade, o ministério episcopal tem seu fundamento no mandato missionário de Jesus Cristo – "Ide, pois, fazei discípulos meus todos os povos, batizando-os em nome do Pai e do Filho e do Espírito Santo, ensinando-os a observar tudo quanto vos mandei" (Mt 28,19-20) – pelo qual recebem o múnus de ensinar a todos os povos o Evangelho. É nesse sentido que o decreto afirma que os bispos são, pelo Espírito Santo, constituídos como "verdadeiros e autênticos mestres, pontífices e pastores"[83]. Cada um deve exercer, na Igreja particular confiada a seus cuidados, o tríplice múnus "de ensinar, santificar e governar"[84].

O Concílio Vaticano II, na constituição *Lumen Gentium* n. 20, esclarece que os bispos realizam, em cada Igreja local confiada a seus cuidados pastorais, sua tarefa, por meio da colaboração de presbíteros e diáconos. A respeito de sua responsabilidade, diz o decreto *Christus Dominus*, em seu n. 30, que os presbíteros têm o dever de "pregar a palavra de Deus a todos os fiéis, para que estes, fundados na fé, na esperança e na caridade, cresçam em Cristo, e a comunidade cristã dê aquele testemunho de caridade que o Senhor recomendou". Já a respeito dos diáconos, diz a *Lumen Gentium* que:

> É próprio do diácono, segundo for cometido pela competente autoridade, administrar solenemente o batismo, guardar e distribuir a Eucaristia, assistir e abençoar o Matrimônio em

---

83 *Christus Dominus*, n. 2.

84 *Christus Dominus*, n. 11.

> nome da Igreja, levar o viático aos moribundos, ler aos fiéis a Sagrada Escritura, instruir e exortar o povo, presidir ao culto e à oração dos fiéis, administrar os sacramentais, dirigir os ritos do funeral e da sepultura[85].

É possível perceber, portanto, que o ministério da palavra é elemento central na constituição do ministério ordenado, embora, especialmente na compreensão conciliar a respeito do lugar da Palavra de Deus na Igreja, o serviço do seu anúncio não seja responsabilidade exclusiva daqueles que receberam o sacramento da Ordem.

O lugar por excelência para o exercício da tarefa de ensinar a Palavra de Deus por parte dos ministros ordenados são as homilias. Nelas, a assembleia litúrgica pode ouvir, com frequência, o ensinamento da Palavra a partir daqueles critérios próprios que caracterizam a leitura da Bíblia na Igreja. Por meio dela, os ministros ordenados prestam à comunidade o testemunho de sua oração e intimidade com a Palavra, bem como o testemunho da humildade, ao retirar suas palavras próprias para que brilhe a Palavra de Deus.

Os ministros ordenados, na Igreja local, são os primeiros que devem oferecer o testemunho do serviço à Palavra. Também pelo exemplo apascentam a parcela do povo de Deus que está sob seus cuidados. Devem ser, os ministros ordenados, os primeiros na comunidade a testemunharem com sua vida a experiência transformadora de autêntico encontro com Jesus Cristo, Verbo encarnado, que os faz, a cada dia, buscar beber da fonte desse encontro recorrendo à Palavra. A crise de credibilidade pela qual passam o discurso eclesial na sociedade e a figura do ministro ordenado deve-se, em grande parte, à falta de coerência entre Palavra ensinada e vivida. Há limites na espiritualidade pessoal, no trato com as pessoas, na coerência em âmbito moral. Há um alarmante número de ministros ordenados alheios à Palavra de Deus e despreocupados com o exercício de sua missão de ensinamento.

Torna-se cada vez mais urgente, para recuperar a centralidade da Palavra de Deus na Igreja, que os ministros ordenados recuperem a centralidade da Palavra também nas suas vidas, tornando-se homens da Palavra, preparados e

---

85 *Lumen Gentium*, n. 29.

interessados na oração com ela, exercendo seu ensinamento especialmente no espaço privilegiado da homilia e do exemplo de vida. O exemplo de uma vida transformada pela Palavra revelar-se-á na capacidade de rezar com ela, que transborda da espiritualidade pessoal para a espiritualidade comunitária e missionária; pela afabilidade nas relações interpessoais, pelo controle dos próprios impulsos, pela capacidade de ouvir e dialogar e pela capacidade de discernir em comunidade sobre as decisões que precisam ser tomadas e sobre os caminhos da missão; enfim, pela absoluta coerência entre o Evangelho e a vida – aquele que se encontrou com Jesus no caminho da Palavra não deseja outro caminho, porque descobriu como que um tesouro escondido num campo. Por esse tesouro, será capaz de dar a própria vida (Mt 13,44-46).

7.2 Os ministérios laicais de leitor e catequista

Entre os ministérios laicais instituídos, olhando especialmente para o âmbito brasileiro, o Ministério de Catequista se destaca na comunidade eclesial como serviço à Palavra de Deus. O cotidiano das comunidades mostra como as catequistas e os catequistas são reconhecidos como mulheres e homens da Palavra, educadores da fé, modelos de seguimento. Em inúmeros exemplos, esse seguimento se prova não tanto pelo conhecimento intelectualizado da Palavra de Deus, mas pelo testemunho de uma vida absolutamente coerente com a Palavra ensinada e pelo esforço incansável por tornar cada dia mais fiel seu discipulado. Em sua maioria, nossos catequistas não são grandes teólogos, mas são pessoas que, no curso ordinário da vida, atenderam ao chamado de Deus e, sabendo conter o impulso da soberba humana, deram espaço suficiente em si para que a Palavra pudesse falar. A conheceram, então, pelas suas marcas na vida cotidiana, de si e dos outros, e deixaram que o encantamento por ela crescesse em si e transbordasse pelo brilho em seus olhos.

Seguindo as orientações da Santa Sé e da Conferência Episcopal, a catequese em todo o Brasil tem privilegiado a dimensão orante da Palavra de Deus, trazendo-a como seu livro por excelência[86]. É verdade que ainda há passos que

86 *Catequese Renovada*, n. 154.

precisam ser dados na direção de uma catequese que seja efetivamente centrada na Palavra de Deus, principalmente a partir da já referida inspiração catecumenal. Também é verdade que, em muitos lugares, os modelos escolar e sacramentalista ainda precisam ser superados, mas podemos considerar que, de modo geral, a catequese no Brasil está no caminho da catequese sonhada pelo Concílio Vaticano II e isso se deve, em grande parte, ao anúncio vivo da Palavra transmitido pelo testemunho de vida de nossos catequistas.

O conhecimento da Palavra que predomina entre nossos catequistas é aquele conhecimento que vem da experiência e do amor, da absoluta certeza de que a Palavra é lugar para um encontro autêntico com Jesus, porque assim foi em suas vidas. Não se trata, portanto, de um conhecimento adquirido em livros, mas daquele que se construiu no discipulado, pelo testemunho bonito e cativante de outros que os precederam, pelo acompanhamento pessoal de alguém com quem, no itinerário da vida cristã, foi possível criar laços fraternos de amizade. É precisamente esse o conhecimento da Palavra que cada catequista é chamado a proporcionar àqueles que o acompanham. Esse é um dos numerosos exemplos que povoam nossas comunidades de que uma leitura autêntica da Palavra não é dependente da instrução acadêmica, mas está muito mais associada à abertura ao Espírito, à capacidade de ler a Bíblia com a comunidade e com a disposição à comunhão eclesial.

O catequista é "guardião da memória de Deus"[87] e, como tal, encontra na Palavra, escrita e transmitida, a experiência de Deus que se torna sua memória e transforma a grandeza do encontro pessoal em anúncio, a fim de compartilhar com outros desse tesouro confiado pelo próprio Senhor à sua Igreja. Com seu ministério, o catequista contribui para comunhão eclesial, uma vez que ensina os catecúmenos e catequizandos a lerem a Bíblia como Palavra viva, atentos ao Espírito e em comunidade, compreendendo sob sua luz a própria vida. Configurando-se como um serviço à Iniciação à Vida Cristã, o anúncio da Palavra, na catequese, é um ponto fundamental da edificação da comunidade cristã, que, por meio de acolhida de novas pessoas dispostas ao discipulado e de

87 *Diretório para a Catequese*, n. 113.

sua instrução no caminho da Palavra, vai contemplando a graça de Deus que lhe garante sempre um futuro.

Vivemos um tempo singular na história da catequese. Em 2021, o Papa Francisco instituiu o serviço catequético como um ministério laical. Por um lado, essa instituição representa um reconhecimento absoluto de sua relevância e de sua importância para a evangelização e para a missão da Igreja no mundo atual. Por se tratar de um ministério laical, ele também consolida a confiança que a Igreja deposita nos cristãos leigos e leigas, confiando-lhes serviços específicos, que só eles podem desempenhar – não se trata de regular o acesso de outros a essa missão, mas sim de colocar em relevo a singularidade de sua vocação no todo que é a missão da Igreja. O reconhecimento de um ministério laical reforça a corresponsabilidade de todos pela missão, que não se fundamenta na uniformidade, mas na diversidade de dons, dom do Espírito para a Igreja.

Como em todas as mudanças, no entanto, resistências também podem ser percebidas, bem como dúvidas, receios, medos, incompreensões. Entre as lideranças na Igreja, muitos têm julgado o ministério instituído de catequista como uma ameaça; outros têm pedido cautela ou até mesmo adiado suas instituições; outros têm adiantado os processos sem adequado discernimento com relação às propriedades do local. O que é realmente necessário é que exista um adequado processo de discernimento sobre como aplicar a proposta do ministério instituído de catequistas nas Igrejas locais, sem guiar-se por motivações particulares, mas por um adequado processo de escuta ao Espírito por meio da escuta ao Magistério da Igreja, sem medo das novidades que ele inspira.

Para compreender o lugar desses desencontros, é importante um olhar histórico para o caminho que a Igreja fez até o reconhecimento desse serviço como um ministério instituído. A recuperação da memória desse percurso nos leva à reflexão sobre outro dos ministérios laicais que está especialmente associado à Palavra: o Ministério de Leitor. Este ministério diferentemente do Ministério de Catequista, não tem tanto protagonismo na Igreja no Brasil, a não ser pelas funções litúrgicas desempenhadas por muitos leitores a quem o ministério da palavra foi confiado. Embora a possibilidade de sua instituição seja mais antiga que a do ministério de catequistas, mesmo para cristãos leigos, são poucos os leitores instituídos em grande parte das Igrejas locais; em geral, ele permanece associado ao caminho que os candidatos ao ministério ordenado fazem ou é estritamente relacionado ao serviço litúrgico. Na verdade, é preciso que se cresça na reflexão teológico-pastoral a respeito do sentido eclesial do ministério instituído do leitor em sua identidade laical.

Podemos considerar a instituição de ministérios laicais na Igreja como um fruto do Concílio Vaticano II, diretamente associada à compreensão conciliar, presente na constituição dogmática *Lumen Gentium*, sobre a relação entre o sacerdócio comum dos fiéis e o sacerdócio ministerial. Afirma a referida constituição sobre a Igreja que o sacerdócio ministerial - e, como podemos compreender por analogia, todos os ministérios que vão sendo discernidos como exercício de uma vocação específica - está ordenado ao serviço à comunidade. Os serviços específicos têm sua origem na comum dignidade batismal, enquanto amadurecimento da vocação comum que todos recebemos, à luz dos direcionamentos do Espírito, que cumula a Igreja de dons diversos para o bem de toda a comunidade cristã.

Dessa forma, como um desdobramento das proposições conciliares, a instituição de ministérios leigos contribui à superação da visão pré-conciliar de que a missão da Igreja era responsabilidade exclusivamente reservada ao clero. O Concílio reconheceu todos os batizados como responsáveis pela mesma missão de anunciar o Reino de Deus e torná-lo já presente, em sinais concretos[88], em virtude do sacerdócio comum, recebido com o batismo. Partindo dessa ideia, o Concílio abre a possibilidade de uma participação cada vez mais ativa e consciente dos cristãos leigos e leigas, que deixam de ser entendidos apenas como espectadores ou destinatários da missão para se tornarem efetivamente participantes de tudo o que diz respeito à missão da Igreja.

A carta apostólica em forma de *motu proprio Ministeria Quaedam*, publicada pelo Papa Paulo VI em 1962, é um dos produtos dessa nova visão conciliar. Ao revogar as ordens menores, o Papa Paulo VI também entende que alguns serviços eclesiais não se circunscrevem ao clero, mas podem e devem ser desempenhados também por aqueles que não fazem parte do clero. Assim, a *Ministeria quaedam* define que os ministérios de leitor e acólito deixarão de

---

88 *Lumen Gentium*, n. 5.

ser considerados ordens menores, podendo ser concedidos aos fiéis leigos do sexo masculino. Já que, anteriormente, essas eram ordens menores concedidas aos que seriam ministros ordenados, permaneceu a tradição de se conceder tais ministérios aos candidatos às ordens sacras. Hoje, a vivência de tais ministérios ainda é quase uma etapa formativa, em que os candidatos deveriam aproximar-se com maior zelo para o aprendizado do serviço ao altar (no Ministério de Acolitato) e do serviço à Palavra (no Ministério de Leitor), o que representa uma recepção ainda não amadurecida da proposta da *Ministeria quaedam*.

Em 2020, o Papa Francisco fez uma modificação do cânon 230 do Código de Direito Canônico, também com um *motu proprio,* intitulado *Spiritus domini*. O cânon 230 regulava a instituição do ministério laical de leitor em consonância com a *Ministeria quaedam* e a modificação teve por objetivo abrir a possibilidade de que mulheres também pudessem ser instituídas nos mesmos serviços de acolitato e de leitorado. No *Spiritus domini*, o Papa Francisco afirma que tal ministério instituído tem por "fundamento a condição comum de batizado e o sacerdócio real recebido no Sacramento do Batismo".

Precisamos entender essa modificação como uma etapa importante do Magistério do Papa Francisco, um exemplo concreto de sua linha de interpretação e recepção do Concílio Vaticano II que interpreta de maneira fiel à situação do ser humano e da Igreja no mundo contemporâneo a corresponsabilidade de todos no anúncio da Palavra. A proposta sinodal de uma Igreja toda ministerial, tantas vezes emergente no pontificado de Francisco, deve ser compreendida em chave de corresponsabilidade. Cada batizado faz o discernimento do serviço específico a que é chamado como explicitação consciente do seu sacerdócio comum, em vista da missão da Igreja. E, nesse sentido, o anúncio da Palavra é inerente ao sacerdócio comum. Por isso, diversos ministérios se comprometem com seu serviço, ainda que de modos distintos e específicos. Para o Papa Francisco, ninguém pode ser impedido de viver essa dinâmica, pois, para ele, na Igreja, há lugar para "todos, todos, todos".

A abertura do Papa Francisco à possibilidade de que mulheres também recebam os ministérios de leitor e acólito abriu as portas para que o serviço catequético se tornasse um ministério instituído. Não faria sentido que se instituísse o serviço catequético restrito aos homens, visto que a maior parte dos catequistas em nossas comunidades são mulheres; tampouco faria sentido dentro do pontificado de Francisco, que busca a abertura sempre maior à participação e ao reconhecimento não só do serviço de cristãos leigos e leigas, como, principalmente, das mulheres.

Na seara da valorização da Palavra de Deus no pontificado do Papa Francisco está também a instituição do Domingo da Palavra de Deus, a ser celebrado sempre no terceiro domingo do Tempo Comum, conforme o *motu proprio Aperuit illis*, de 2019. Desde essa definição, o Santo Padre tem mantido a tradição de instituir, na Basílica de São Pedro, cristãos leigos e leigas indicados pelas Conferências Episcopais em todo o mundo, nos dois ministérios laicais a serviço da Palavra: leitores e catequistas. O advento desses ministérios realiza o que a *Lumen Gentium* propunha ao recuperar o batismo como fundamento da missão cristã. O anúncio da Palavra não está custodiado pelo ministério ordenado, mas deve ser parte da missão de cada pessoa.

Mas, se por um lado, a instituição do Ministério de Catequista e a abertura dos ministérios de leitor e acólito são um sinal profético de valorização dos serviços laicais e são um tesouro para o anúncio da Palavra no mundo contemporâneo, não é difícil perceber que sem a adesão das Igrejas particulares, tudo isso fica apenas no campo das ideias. No Brasil, a Conferência Episcopal elaborou critérios e itinerários formativos para garantir a adequada e refletida recepção do Ministério de Catequista; catequistas foram instituídos por todo o Brasil, mas permanece o receio e o medo de que seja um ministério instrumentalizado para o exercício de uma certa forma de clericalismo laical. Quanto ao Ministério de Leitor, embora seja um serviço litúrgico comum, é necessário que se amadureça na compreensão de seu papel na comunidade eclesial.

O Ministério de Leitor está diretamente associado ao culto, quando o leitor instituído exerce sua função litúrgica, mas não se resume a isso. A *Ministeria quaedam* esclarecia: "O leitor é nomeado para a função própria de ler a Palavra de Deus na assembleia litúrgica". Mas esse documento não restringe o ministério a essa função litúrgica, destacando também a espiritualidade pessoal:

> Para desempenhar melhor e mais perfeitamente essas funções, medite frequentemente na Sagrada Escritura. O leitor, consciente da responsabilidade que assume, deve esforçar-se

> com todas as suas forças e utilizar os meios oportunos para alcançar cada dia mais plenamente o amor manso e vivo, bem como o conhecimento da Sagrada Escritura, para se tornar um discípulo mais perfeito do Senhor.

Dessa forma, o ministério de leitor precisa ser compreendido como o reconhecimento, por parte da Igreja, de um serviço à comunidade que é fruto de uma autêntica espiritualidade pessoal com a Palavra. Essa espiritualidade traduz-se em um serviço abrangente à comunidade de fé, que convida à escuta da Palavra e anima seu seguimento, sendo sinalizado e celebrado nas funções litúrgicas da proclamação da Palavra. É significativo que a *Ministeria quaedam* também associe à função do leitor a proclamação da oração dos fiéis. Ou seja, é próprio do leitor ouvir a Palavra com a comunidade, rezá-la no cotidiano da vida e devolver ao Senhor a oração que brota dessa mesma Palavra, em nome da assembleia litúrgica, em palavras e na oblação da própria vida.

Em nossas comunidades, muitos fazem esse serviço litúrgico, até mesmo a presidência da celebração da Palavra, que sustenta muitas comunidades brasileiras na ausência do ministro ordenado, como ministério confiado temporariamente. É importante observar que a distinção entre o ministério confiado e o ministério instituído é que este último é caracterizado por um rito específico de instituição. Também na condição de um ministério confiado se pode viver a espiritualidade e a vocação desse serviço abrangente à Palavra, mas a valorização do ministério instituído poderia ser um caminho para sua compreensão como ministério da animação bíblica por excelência, como serviço perene à proclamação da Palavra com palavras e obras, não somente aquele feito pelo próprio ministro, mas a proclamação de toda a comunidade, animada por aquele que foi instituído nesse serviço. Tais tarefas não devem ser apenas desempenhadas pelo leitor em sua vivência pessoal da fé: ele é a primeira testemunha na comunidade cristã, instituído como servidor da Palavra, mas é também o animador da comunidade na vivência dessas dimensões da presença da Palavra na vida e na missão da Igreja.

Portanto, em cada Igreja local, há que se fazer o discernimento das tarefas próprias ao leitor, em chave missionária e com criatividade. São os leitores os primeiros responsáveis pelo caminho do anúncio da Palavra dentro e fora da Igreja, e para tal anúncio é que são instituídos. O serviço litúrgico é o sinal ritual dessa dedicação ministerial ao serviço do anúncio da Palavra. Para que o ministério de leitor efetivamente se realize no contexto brasileiro, há que se superar uma visão eclesial fechada em si mesma, assumir o anúncio da Palavra como tarefa primordial e abandonar o modelo de pastoral de conservação, reconhecendo a contribuição que cristãos leigos e leigas podem oferecer no anúncio da Palavra no mundo atual.

7.3 Os professores de Sagrada Escritura e a reflexão teológica

Prestam um serviço à Palavra também aqueles que se dedicam à pesquisa sobre a Palavra de Deus e seus ensinamentos, especialmente em seminários, casas de formação e faculdades de teologia. Formando os que se preparam para o ministério ordenado e os cristãos leigos e leigas que se dedicarão à reflexão teológica, os professores de Sagrada Escritura têm a oportunidade de traduzir o estudo científico em linguagem pastoral, para que ele chegue às comunidades como aquele amparo necessário para uma leitura autêntica da Palavra em comunhão com a Igreja. Nesse sentido, não só a exegese, mas todos os campos da teologia podem oferecer sua contribuição.

Dessa forma, a exegese bíblica e a teologia são elementos fundamentais da presença da Palavra na vida da Igreja, uma vez que estabelecem sua leitura e sua interpretação e impedem que a Igreja instrumentalize a Palavra na leitura arbitrária de alguns líderes. O passo que permanece sempre necessário é o discernimento dos caminhos para que a teologia extrapole os muros dos seminários e dos institutos e chegue ao cotidiano das comunidades – não com conceitos abstratos, expressões hebraicas ou complexos processos exegéticos, isso pode ser reservado às salas de aula; mas com a tradução desse estudo acadêmico em reflexões ponderadas, bem fundamentadas, em que se revele a beleza da Palavra de Deus escrita e comunicada pela Tradição, de modo a favorecer a compreensão, despertar o interesse e impulsionar o seguimento autêntico da Palavra.

Comunidades ao redor da Palavra | 8

[...] o que vimos e ouvimos, nós também vos anunciamos, a fim de que também vós vivais em comunhão conosco. Ora, nossa comunhão é com o Pai e seu Filho, Jesus Cristo (1Jo 1,3).

A exortação apostólica *Verbum Domini*, ao refletir sobre a *Animação Bíblica da Pastoral*, afirma que "é bom que, na atividade pastoral, se favoreça também a difusão de pequenas comunidades [...] nas quais se promova a formação, a oração e o conhecimento da Bíblia segundo a fé da Igreja[89]. De fato, só em comunidade a leitura da Bíblia pode ser exercitada em toda a sua potencialidade, enquanto fundamento e orientação para a vida de fé e para o testemunho eclesial e, dessa forma, a Palavra de Deus pode falar ao coração daqueles que hoje são chamados a ouvir como discípulos atentos.

O grande desafio da Igreja, em sua ação pastoral, é formar pequenas comunidades – não pequenos grupos de pessoas que se reúnem vez ou outra, mas comunidades verdadeiras. O filósofo e sociólogo Zygmunt Bauman caracterizou a comunidade, sobretudo, pela proteção que ela é capaz de oferecer e pelos valores da compreensão mútua, do respeito e do acolhimento. Numa comunidade, nos entendemos bem, encontramos proteção e segurança que nos permitem relaxar e sair do estado de alerta daqueles que estão em meio ao desconhecido. Nela "Podemos confiar no que ouvimos, estamos seguros a maior parte do tempo e raramente ficamos desconcertados ou somos surpreendidos. Nunca somos estranhos entre nós"[90]. Ainda, numa comunidade podemos discutir, mas não desejamos o mal a outras pessoas; estamos seguros de que elas também nos querem bem.

A comunidade cristã é tudo isso e mais um pouco: nossa razão para sermos comunidade é que "Ele está no meio de nós", como afirmamos em toda celebração litúrgica. A lei que rege nossa comunidade e as relações que ela pressupõe é ditada pelo próprio Jesus: "Todos saberão que sois meus discípulos, se vos amardes uns aos outros" (Jo 13,35). Não temos dúvida do valor da comunidade

89 *Verbum Domini*, n. 73.

90 BAUMAN, Z. *Comunidade*, p. 8.

e da experiência que ela é capaz de proporcionar para aqueles que dela fazem parte, ainda mais em um mundo marcado pelo individualismo e pelas relações cada vez mais derivadas dos interesses pessoais uns sobre os outros, da dificuldade contemporânea de relacionar-se na gratuidade. Experimentar a hospitalidade incondicional da comunidade é uma experiência transformadora para qualquer um que a receba. Nossa dificuldade, então, não está em reconhecer a comunidade como um valor, sobretudo para a experiência cristã. Está em encontrar estratégias para que sejamos de novo capazes de formá-la.

Para que sejamos de novo capazes de viver autenticamente em comunidade, é necessário que recuperemos nossa capacidade de contar nossas histórias ao redor da fogueira. Recupero essa imagem de Byung-Chul Han (2023) porque acredito que, num mundo que procura seguranças e que está, muitas vezes, desamparado em meio à multiplicidade de propostas sobre o futuro e o sentido da vida, a Palavra só será comunicada em sua potencialidade se puder ser apresentada como narrativa repleta de afabilidade, como Boa-nova, como um tesouro que recebemos e conhecemos e que poderá ser conhecido também por aqueles que se abrirem à escuta. Ao referir-me às nossas narrativas, não falo apenas do gênero bíblico narrativo, mas da Palavra, nossa narrativa por excelência.

Hoje já não narramos nossas histórias ao redor da fogueira, mas nos grandes centros urbanos, às pessoas marginalizadas, àqueles que sofrem com as estruturas injustas da sociedade, e às crianças e jovens que buscam construir suas identidades no tempo fragmentado em que vivemos. O encontro com a Palavra como narrativa que lhes dá um passado comum, que lhes insere em uma comunidade, é principiado pelo anúncio do querigma e fortalecido e mantido por meio da experiência mistagógica, que torna possível a experiência do Mistério em nosso tempo. São esses os dois pilares capazes de promover um encontro verdadeiro com Cristo na Palavra, que desencadeie um amadurecimento no discipulado, em vista da missão.

Ao recuperar a capacidade de narrar a Palavra, também o sentido será devolvido ao rito e à observância doutrinal, hoje, tantas vezes esvaziadas e praticadas como atitudes exteriores e mecânicas. O diálogo, muitas vezes difícil ou mesmo impossível, entre aqueles que pensam diferente será parte do nosso cotidiano, porque “o tipo de conhecimento em que a comunidade se baseia precede todos os acordos e desacordos"[91]. Uma Igreja sinodal, esperança diante das crises institucional e de credibilidade que se impõem sobre a palavra e a ação eclesial, será cada vez mais possível, uma vez que "a comunidade narrativa é uma comunidade de ouvintes atentos"[92], que escutam a Palavra, aprendem a discernir à luz do Espírito e, por isso, sabem ouvir uns aos outros e caminhar em corresponsabilidade pela missão. É nesse sentido que a escuta da Palavra forma para a comunhão eclesial.

É verdade que não é fácil ouvir a Palavra. Ela põe sob outra perspectiva nossas escolhas, a forma como nos habituamos a viver e o modo como temos estabelecido nossas relações. Mas também é verdade que a pertença comunitária cobra um preço que é pago em liberdade. Se pertenço a uma comunidade, minha liberdade é restringida em nome dessa pertença, especialmente porque a diferença é o que a caracteriza. É a partir disso que a comunidade cristã se torna diferente de qualquer outra comunidade que os seres humanos possam formar: a cessão de uma liberdade humana, de fazer qualquer coisa à luz da Palavra de Deus, torna a vida absolutamente livre: "Foi para a liberdade que Cristo nos libertou" (Gl 5,1). É a liberdade de, em Cristo, alcançar o tudo da eternidade.

A *Animação Bíblica da Pastoral*, portanto, é o serviço à recuperação deste elemento fundamental do ser humano e da comunidade cristã: a capacidade de narrar a Palavra de Deus. Com criatividade e profecia, muitas pessoas já ancoraram sua vida na Palavra e vivem a experiência comunitária como fruto dessa escuta atenta e de um desejo sincero de progredir no discipulado. São as luzes de verdadeiros testemunhos que tornam possível acreditar que a Igreja pode voltar a ouvir a Palavra com maior atenção, a propor a Palavra de modo mais convincente e, assim, seguir a Palavra no rumo da esperança que ela mesma nos narra. No terceiro milênio, o testemunho de sinodalidade como sinal concreto da absoluta escuta à Palavra é o tesouro com o qual a comunidade cristã poderá marcar o mundo. Mas isso começa de dentro: por meio do criativo discernimento, à luz do Espírito, a respeito dos caminhos para, às pessoas de cada tempo e lugar, rezar, anunciar e ensinar a Palavra.

---

91 BAUMAN, Z. *Comunidade*, p. 19.

92 HAN B-C. *A crise da narração*, p. 15.

Círculos bíblicos para a leitura em comunidade

A seguir, propomos quatro encontros bíblicos para o estudo deste livro em pequenas comunidades. Eles poderão ser feitos com a frequência que a comunidade considerar ideal, de modo que antes de cada encontro se faça a leitura de dois dos capítulos do livro. Esses roteiros foram elaborados especialmente para os que se dedicam aos diferentes serviços à Palavra na comunidade, especialmente para os que estão envolvidos com as equipes de ABP em diferentes níveis.

É importante que, para cada dia, a comunidade prepare bem o espaço em que se realizará o encontro e escolha cantos que sejam conhecidos da comunidade e estejam de acordo com a temática. Embora o roteiro traga apenas a alternância entre animador e leitor, a comunidade pode dividir os diferentes trechos entre um maior número de pessoas para favorecer a participação de todos.

Quando você e sua comunidade estiverem reunidos para esses encontros, poste uma foto e marque nosso perfil no Instagram: *@marianaavenancio*.

Encontro 1

Após a leitura da introdução e dos capítulos 1 e 2

Inicialmente, o animador convida a saudarem uns aos outros, conforme o costume. Depois, acolhe a todos com estas ou outras palavras.

Animador: Sejam bem-vindos e bem-vindas, irmãos e irmãs. Começamos hoje um caminho de reflexão sobre a centralidade da Palavra de Deus em nossa vida, na espiritualidade pessoal e comunitária. Estes serão momentos para que possamos encontrar uns aos outros, refazendo nossos laços comunitários a partir da Palavra que ouviremos, entre nós e com Deus, que é comunidade de amor. Por isso, aqui estamos reunidos.

Todos: Em nome do Pai e do Filho e do Espírito Santo. Amém.

Canto inicial: à *escolha da comunidade.*

Leitor: Para que saibamos discernir os caminhos para o autêntico anúncio da Palavra em nosso tempo, peçamos a luz do Espírito Santo.

Todos: Vinde, Espírito Santo...

Animador: Vamos cantar, preparando o nosso coração para ouvir a Palavra de Deus.

Canto: à *escolha da comunidade.*

Leitura: Jo 6,59-71.

Um leitor faz, de sua Bíblia, a leitura e, em seguida, faz-se um instante de silêncio.

Animador: Neste momento, somos primeiramente convidados a partilhar e destacar as nossas impressões da leitura que realizamos da introdução, do capítulo 1 e do capítulo 2 deste livro.

O animador, após a leitura do texto bíblico, conduz a comunidade a realizar a partilha do estudo feito com base na leitura da introdução, do capítulo 1 e do capítulo 2 deste livro.

Animador: Após viver a experiência de partilha de nosso estudo e da leitura do texto do Evangelho, vamos buscar responder às seguintes questões:

O animador poderá, a depender da realidade, organizar os participantes em pequenos grupos e depois solicitar que compartilhem as suas respostas, como também possibilitar que coletivamente, um a um, apresentem suas respostas.

- De que modo a Palavra que ouvimos neste encontro, de Jo 6,59-71, pode iluminar a leitura que fizemos? Qual o novo olhar que temos da nossa leitura a partir do texto bíblico que escutamos?
- Quais são os desafios para o anúncio da Palavra que percebemos em nossa realidade local?
- Quais caminhos para a superação desses desafios podemos discernir a partir do texto bíblico que ouvimos?

Animador: Espontaneamente, cada um é convidado a transformar a Palavra que ouvimos em oração. Após cada prece partilhada, rezemos juntos.

Todos: Senhor, fazei-nos fiéis à vossa Palavra!

Em seguida, o animador conclui convidando para rezarem juntos a Oração do Senhor.

Animador: A Palavra que rezamos pode ser contemplada em nossa memória ou nos compromissos que podemos assumir para que nossas comunidades estejam cada vez mais centradas na Palavra. Vamos fazer memória dos desafios que superamos por meio da atenção à Palavra em nossa vida e vamos também fazer os nossos propósitos para que a Palavra esteja cada vez mais enraizada em nossa vida, sustentando nossas opções diárias.

Motivar a comunidade a fazer um instante de silêncio para refletir sobre como a Palavra meditada hoje pode ser contemplada, ou em memórias do passado que nos animam a continuar o caminho, ou em propósitos de mudança de vida. Depois do silêncio reflexivo, pedir, àqueles que desejarem, que partilhem suas contribuições com a comunidade.

Oração final

Após as partilhas, o animador pede a um dos presentes que faça uma oração final de agradecimento.

Encontro 2

Após a leitura dos capítulos 3 e 4

Inicialmente, o animador convida todos a saudarem uns aos outros, conforme o costume. Depois, acolhe a todos com estas ou outras palavras.

Animador: Sejam bem-vindos e bem-vindas, irmãos e irmãs. Hoje damos mais um passo na escuta da Palavra para que a graça do Senhor encontre espaço em nós, para fazer-nos verdadeiros discípulos e servidores da Palavra de Deus. Por isso, aqui estamos reunidos.

Todos: Em nome do Pai e do Filho e do Espírito Santo. Amém.

Canto inicial: à *escolha da comunidade.*

Leitor: Para que saibamos ouvir a Palavra como verdadeiros discípulos, peçamos a luz do Espírito Santo.

Todos: Vinde, Espírito Santo...

Animador: Vamos cantar, preparando o nosso coração para ouvir a Palavra de Deus.

Canto: à *escolha da comunidade.*

Leitura: Lc 4,14-22.

Um leitor faz, de sua Bíblia, a leitura e, em seguida, faz-se um instante de silêncio.

Animador: Neste momento, somos primeiramente convidados a partilhar e destacar as nossas impressões da leitura que realizamos da introdução, do capítulo 3 e do capítulo 4 deste livro.

O animador, após a leitura do texto bíblico, conduz a comunidade a realizar a partilha do estudo feito com base na leitura da introdução, do capítulo 3 e do capítulo 4 deste livro.

Animador: Após viver a experiência de partilha de nosso estudo e da leitura do texto do Evangelho, vamos buscar responder às seguintes questões:

O animador poderá, a depender da realidade, organizar os participantes em pequenos grupos e depois solicitar que compartilhem as suas respostas, como também possibilitar que coletivamente, um a um, apresentem suas respostas.

- De que modo a Palavra que ouvimos neste encontro, de Lc 4,14-22, pode iluminar a leitura que fizemos? Qual o novo olhar que temos da nossa leitura a partir do texto bíblico que escutamos?
- Como percebemos a oração com a Palavra em nossa vida pessoal e comunitária?
- O que podemos fazer para que nossas celebrações expressem melhor a centralidade da Palavra, comunicando a mística de ouvir o próprio Senhor a nos falar?

Animador: Vamos, agora, transformar a Palavra que ouvimos em oração. Após cada prece partilhada, rezemos juntos.

Todos: Senhor, tornai-nos discípulos e discípulas da vossa Palavra!

O animador faz a motivação para que, espontaneamente, cada um faça a sua oração pessoal, partilhando sua prece em voz alta ou apenas em silêncio. Em seguida, o animador conclui com a Oração do Senhor.

Animador: A Palavra que rezamos pode ser contemplada em nossa memória ou nos compromissos que podemos assumir para que nossas comunidades estejam cada vez mais centradas na Palavra. Vamos fazer memória das ocasiões de oração com a Palavra em nossa comunidade e também dos frutos que o cultivo dessa oração tem nos proporcionado. Vamos também fazer nossos propósitos para favorecer que a Palavra seja rezada entre nós, em comunhão com a Igreja e a serviço do seu anúncio autêntico.

Motivar a comunidade a fazer um instante de silêncio para refletir sobre como a Palavra meditada hoje pode ser contemplada, ou em memórias do passado que nos animam a continuar o caminho, ou em propósitos de mudança de vida. Depois do silêncio reflexivo, pedir, àqueles que desejarem, que partilhem suas contribuições com a comunidade.

Oração final

Após as partilhas, o animador pede que um dos presentes faça uma oração final de agradecimento.

Encontro 3

Após a leitura dos capítulos 5 e 6

Inicialmente, o animador convida todos a saudarem uns aos outros, conforme o costume. Depois, acolhe a todos com estas ou outras palavras.

Animador: Sejam bem-vindos e bem-vindas, irmãos e irmãs. Em nosso caminho de escuta e discernimento à luz da Palavra de Deus, hoje queremos refletir sobre nossa missão no anúncio e no ensinamento da Palavra. Por isso, aqui estamos reunidos.

Todos: Em nome do Pai e do Filho e do Espírito Santo. Amém.

Canto inicial: à *escolha da comunidade.*

Leitor: Para que saibamos discernir os modos e as linguagens para anunciar Jesus Cristo, Verbo que se fez carne, ao mundo de hoje, peçamos a luz do Espírito Santo.

Todos: Vinde, Espírito Santo...

Animador: Vamos cantar, preparando o nosso coração para ouvir a Palavra de Deus.

Canto: à *escolha da comunidade.*

Leitura: At 8,26-40.

Um leitor faz, de sua Bíblia, a leitura e, em seguida, faz-se um instante de silêncio. O animador, após a leitura do texto bíblico, conduz a comunidade a realizar a partilha do estudo feito com base na leitura da introdução, do capítulo 5 e do capítulo 6 deste livro.

Animador: Após viver a experiência de partilha de nosso estudo e da leitura do texto do Evangelho, vamos buscar responder às seguintes questões:

O animador poderá, a depender da realidade, organizar os participantes em pequenos grupos e depois solicitar que compartilhem as suas respostas, como também possibilitar que coletivamente, um a um, apresentem suas respostas.

- De que modo a Palavra que ouvimos neste encontro, de At 8,26-40, pode iluminar a leitura que fizemos? Qual o novo olhar que temos sobre nossa leitura a partir do texto bíblico que escutamos?
- Quais desafios temos encontrado hoje no âmbito do ensinamento da Palavra de Deus em nossa comunidade?
- Quais caminhos somos capazes de discernir para que nossa comunidade seja verdadeiramente querigmática?

Animador: Vamos, agora, transformar a Palavra que ouvimos em oração, rezando juntos.

Todos: Senhor, fortalecei-nos no testemunho da vossa Palavra!

O animador faz a motivação para que, espontaneamente, cada um faça a sua oração pessoal, partilhando sua prece em voz alta ou apenas em silêncio. Em seguida, o animador conclui com a Oração do Senhor.

Animador: A Palavra que rezamos pode ser contemplada em nossa memória ou nos compromissos que podemos assumir para que, em nossas comunidades, o serviço do ensinamento da Palavra seja desempenhado com cada vez mais zelo e por meio de diferentes serviços. Vamos fazer memória do serviço tão importante daqueles que ensinam a Palavra em nossa comunidade, do ensinamento que nós desempenhamos em nossa família e em diferentes contextos, e também façamos nossos propósitos para que o ensinamento da Palavra seja valorizado e realizado com autenticidade, a serviço da centralidade da Palavra entre nós.

Motivar a comunidade a fazer um instante de silêncio para refletir sobre como a Palavra meditada hoje pode ser contemplada, ou em memórias do passado que nos animam a continuar o caminho, ou em propósitos de mudança de vida. Depois do silêncio reflexivo, pedir, àqueles que desejarem, partilhem suas contribuições com a comunidade.

Oração final

Após as partilhas, o animador pede que um dos presentes faça uma oração final de agradecimento.

Encontro 4

Após a leitura dos capítulos 7 e 8

Inicialmente, o animador convida todos a saudarem uns aos outros, conforme o costume. Depois, acolhe a todos com estas ou outras palavras.

Animador: Sejam bem-vindos e bem-vindas, irmãos e irmãs. Concluindo este caminho de quatro encontros, hoje queremos refletir sobre nosso serviço no anúncio da Palavra. Por isso, aqui estamos reunidos.

Todos: Em nome do Pai e do Filho e do Espírito Santo. Amém.

Canto inicial: à *escolha da comunidade.*

Leitor: Para que possamos descobrir de que modo o Senhor espera que vivamos hoje os compromissos advindos do nosso batismo, peçamos a luz do Espírito Santo.

Todos: Vinde, Espírito Santo...

Animador: Vamos cantar, preparando o nosso coração para ouvir a Palavra de Deus.

Canto: à *escolha da comunidade.*

Leitura: At 2,42-47.

Animador: Neste momento, somos primeiramente convidados a partilhar e destacar as nossas impressões da leitura que fizemos da introdução, do capítulo 7 e do capítulo 8 deste livro.

O animador, após a leitura do texto bíblico, conduz a comunidade a realizar a partilha do estudo feito com base na leitura da introdução, do capítulo 7 e do capítulo 8 deste livro.

Animador: Após viver a experiência de partilha de nosso estudo e da leitura do texto do Evangelho, vamos buscar responder às seguintes questões:

O animador poderá, a depender da realidade, organizar os participantes em pequenos grupos e depois solicitar que compartilhem as suas respostas, como também possibilitar que coletivamente, um a um, apresentem suas respostas.

- De que modo a Palavra que ouvimos neste encontro, de At 2,42-47, pode iluminar a leitura que fizemos? Qual o novo olhar que temos sobre nossa leitura a partir do texto bíblico que escutamos?
- Como podemos perceber o serviço à Palavra em nossa comunidade? Cada um poderia dizer de que modo específico o Senhor lhe chamou a anunciar a Palavra?
- Como a Palavra que escutamos pode nos ajudar a fortalecer nosso testemunho comunitário, a fim de que nossas comunidades, sustentadas pela Palavra, sejam também o lugar onde as pessoas podem ouvi-la e aprender a segui-la?

Animador: Vamos, agora, transformar a Palavra que ouvimos em oração. Após cada prece partilhada, rezemos juntos.

Todos: Senhor, tornai-nos perseverantes em vossa Palavra!

Em seguida, o animador conclui convidando para rezarem juntos a Oração do Senhor.

Animador: A Palavra que rezamos pode ser contemplada em nossa memória ou nos compromissos que podemos assumir para que nossas comunidades estejam cada vez mais centradas na Palavra. Vamos fazer memória dos passos significativos que demos, em atenção e fidelidade à Palavra, e fazer também nossos propósitos para que tal centralidade seja cada vez mais cultivada.

Motivar a comunidade a fazer um instante de silêncio para refletir sobre como a Palavra meditada hoje pode ser contemplada, ou em memórias do passado que nos animam a continuar o caminho, ou em propósitos de mudança de vida. Depois do silêncio reflexivo, pedir, àqueles que desejarem, que partilhem suas contribuições com a comunidade.

Oração final

Após as partilhas, o animador pede que um dos presentes faça uma oração final de agradecimento.

Referências

ALTER, R. *A arte da narrativa bíblica*. Tradução Vera Pereira. São Paulo: Companhia das Letras, 2007.

ARMSTRONG, K. *Breve história do mito*. São Paulo: Companhia das Letras, 2005.

AUERBACH, E. *Mimesis*: a representação da realidade na Literatura Ocidental. São Paulo: Perspectiva, 2021.

BAUMAN, Z. *Comunidade*: a busca por segurança no mundo atual. Rio de Janeiro: Zahar, 2003.

BAUMAN, Z. *Retrotopia*. Rio de Janeiro: Zahar, 2017.

BÍBLIA SAGRADA. Tradução oficial da CNBB. 6. ed. Brasília, DF: Edições CNBB, 2022.

BÍBLIA SAGRADA. 6. ed. Petrópolis: Vozes, 2007.

BOSELLI, G. *Sentido Espiritual da Liturgia*. Brasília, DF: Edições CNBB, 2014.

COMISSÃO EPISCOPAL PASTORAL PARA A ANIMAÇÃO BÍBLICO-CATEQUÉTICA. *Animação Bíblica da Pastoral*: I Congresso de Animação Bíblica da Pastoral. Brasília, DF: Edições CNBB, 2012.

COMISSÃO TEOLÓGICA INTERNACIONAL. *A sinodalidade na vida e na missão da Igreja*. Vaticano, 2017. Disponível em: https://www.vatican.va/roman_curia/congregations/cfaith/cti_documents/rc_cti_20180302_sinodalita_po.html. Acesso em: 11 jan. 2024.

CONCÍLIO VATICANO II. *Constituição Conciliar Sacrosanctum Concilium*. Vaticano, 1963. Disponível em: https://www.vatican.va/archive/hist_councils/ii_vatican_council/documents/vat-ii_const_19631204_sacrosanctum-concilium_po.html. Acesso em: 25. jul. 2023.

CONCÍLIO VATICANO II. *Constituição Dogmática Dei Verbum*. Vaticano, 1965. Disponível em: https://www.vatican.va/archive/hist_councils/ii_vatican_council/documents/vat-ii_const_19651118_dei-verbum_po.html. Acesso em: 25. jul. 2023.

CONCÍLIO VATICANO II. *Constituição Dogmática Lumen Gentium*. Vaticano, 1964. Disponível em: https://www.vatican.va/archive/hist_councils/ii_vatican_council/documents/vat-ii_const_19641121_lumen-gentium_po.html. Acesso em: 29 nov. 2023.

CONFERÊNCIA NACIONAL DOS BISPOS DO BRASIL. *Discípulos e servidores da Palavra de Deus na Missão da Igreja*. Brasília, DF: Edições CNBB, 2012. (Documentos da CNBB, 97).

CONFERÊNCIA NACIONAL DOS BISPOS DO BRASIL. *"E a Palavra habitou entre nós" (Jo 1,14)*: Animação Bíblica da Pastoral a partir das Comunidades Eclesiais Missionárias. Brasília, DF: Edições CNBB, 2022. (Documentos da CNBB, 111).

CONFERÊNCIA NACIONAL DOS BISPOS DO BRASIL. *Iniciação à Vida Cristã*: itinerário para formar discípulos missionários. Brasília, DF: Edições CNBB, 2017. (Documentos da CNBB, 107).

CONSELHO EPISCOPAL LATINO-AMERICANO. *Documento de Aparecida*: texto conclusivo da V Conferência Geral do Episcopado Latino-Americano e do Caribe. Brasília, DF: Edições CNBB; São Paulo: Paulus, 2007.

DECRETO AD GENTES. *Sobre a atividade missionária da Igreja*. Vaticano, 1965. Disponível em: https://www.vatican.va/archive/hist_councils/ii_vatican_council/documents/vat-ii_decree_19651207_ad-gentes_po.html. Acesso em: 25. jul. 2023.

DECRETO CHRISTUS DOMINUS. *Sobre o múnus pastoral dos bispos na igreja*. Vaticano, 1965. Disponível em: https://www.vatican.va/archive/hist_councils/ii_vatican_council/documents/vat-ii_decree_19651028_christus-dominus_po.html. Acesso em: 25. jul. 2023.

DREHER, M. N. *Fundamentalismo*. São Leopoldo: Sinodal, 2006. (Coleção Para entender).

ECO, U. *Os limites da interpretação*. 2. ed. Tradução Pérola de Carvalho. São Paulo: Perspectiva, 2015. (Coleção Estudos).

EVANGELII GAUDIUM. *Exortação apostólica do Papa Francisco*. Vaticano, 2013. Disponível em: https://www.vatican.va/content/francesco/pt/apost_exhortations/documents/papa-francesco_esortazione-ap_20131124_evangelii-gaudium.html. Acesso em: 25. jul. 2023.

EVANGELII NUNTIANDI. *Exortação apostólica do Papa Paulo VI*. Roma, 1975. Disponível em: https://www.vatican.va/content/paul-vi/pt/apost_exhortations/documents/ hf_p-vi_exh_19751208_evangelii-nuntiandi.html. Acesso em: 25. jul. 2023.

FISH, S. Is there a text in this class? Tradução Rafael Eugênio Hoyos-Andrade. *Alfa*, São Paulo, v. 36, p. 189-206, 1992.

HAIDT, J. *A geração ansiosa*: como a infância hiperconectada está causando uma epidemia de transtornos mentais. São Paulo: Companhia das Letras, 2024.

HAN, B-C. *A crise da narração*. Petrópolis, Vozes, 2023.

HAN, B-C. *Sociedade do cansaço*. Petrópolis, Vozes, 2017.

LADARIA, L. F. *A Trindade*. São Paulo: Loyola, 2009.

MATEOS, J.; BARRETO, J. *O Evangelho de São João*: Análise linguística e comentário exegético. São Paulo: Paulus, 1999. (Coleção Grande Comentário Bíblico).

PAPA FRANCISCO. *Carta apostólica sob a forma de motu proprio Ad theologiam promovendam*. Vaticano, 2023. Disponível em: https://www.vatican.va/content/francesco/la/motu_proprio/documents/20231101-motu-proprio-ad-theologiam-promovendam.html. Acesso em: 30 maio 2024.

PAPA FRANCISCO. *Carta apostólica sob a forma de motu proprio Antiquum Ministerium*. Vaticano, 2021. Disponível em: https://www.vatican.va/content/francesco/pt/motu_proprio/documents/papa-francesco-motu-proprio-20210510_antiquum-ministerium.html. Acesso em: 30 maio 2024.

PAPA FRANCISCO. *Carta apostólica sob a forma de motu proprio Spiritus Domini*. Vaticano, 2021. Disponível em: https://www.vatican.va/content/francesco/pt/motu_proprio/documents/papa-francesco-motu-proprio-20210110_spiritus-domini.html. Acesso em: 30 maio 2024.

PAPA FRANCISCO. *Discurso para Comemoração do Cinquentenário da Instituição do Sínodo dos Bispos*. Vaticano, 2015. Disponível em: https://www.vatican.va/content/francesco/pt/speeches/2015/october/documents/papa-francesco_20151017_50-anniversario-sinodo.html. Acesso em: 30 maio 2024.

PAPA FRANCISCO. *Discurso para o Dia Mundial das Comunicações Sociais*. Vaticano, 2014. Disponível em: https://www.vatican.va/content/francesco/pt/messages/communications/documents/papa-francesco_20140124_messaggio-comunicazioni-sociali.html. Acesso em: 30 maio 2024.

PAPA FRANCISCO. *Discurso para o Dia Mundial das Comunicações Sociais*. Vaticano, 2024. Disponível em: https://www.vatican.va/content/francesco/pt/messages/communications/documents/20240124-messaggio-comunicazioni-sociali.html. Acesso em: 30 maio 2024.

PAPA PAULO VI. *Carta apostólica sob a forma de motu proprio ministeria quaedam*. Vaticano, 1972. Disponível em: https://www.vatican.va/content/paul-vi/es/motu_proprio/documents/hf_p-vi_motu-proprio_19720815_ministeria-quaedam.html. Acesso em: 30 maio 2024.

PEETZ, M. *O Israel bíblico*: história, arqueologia, geografia. São Paulo: Paulinas, 2022.

PONTIFÍCIA COMISSÃO BÍBLICA. *A interpretação da Bíblia na Igreja*. São Paulo: Paulinas, 1993.

PONTIFÍCIO CONSELHO PARA A PROMOÇÃO DA NOVA EVANGELIZAÇÃO. *Diretório para a Catequese*. Brasília, DF: Edições CNBB, 2020.

PRADO, J. L. G. O fundamentalismo. *Estudos Bíblicos*. Petrópolis, v. 35, n. 140, p. 363-378, 2018.

RICOEUR, P. *Tempo e narrativa*. v. 1. Tradução Claudia Berliner. São Paulo: WMF Martins Fontes, 2010.

SAGRADA CONGREGAÇÃO PARA O CULTO DIVINO. *Ritual da Iniciação Cristã de Adultos*. São Paulo: Paulus, 2001.

SIMIAN-YOFRE, H. *Metodologia do Antigo Testamento*. São Paulo: Loyola, 2000.

SKA, J. L. *A Palavra de Deus nas narrativas dos homens*. São Paulo: Loyola, 2005.

VENÂNCIO, Mariana Aparecida. O querigma. *In:* SOUZA, Andherson Franklin Lustosa (org.). *Formação de catequistas para a Iniciação à Vida Cristã*. Brasília: Edições CNBB, 2025.

VERBUM DOMINI. *Exortação apostólica pós-sinodal do Papa Bento XVI*. Vaticano, 2010. Disponível em: https://www.vatican.va/content/benedict-xvi/pt/apost_exhortations/documents/hf_ben-xvi_exh_20100930_verbum-domini.html. Acesso em: 30 maio 2024.

EDITORA VOZES LTDA.
Rua Frei Luís, 100 – Centro – Cep 25689-900 – Petrópolis, RJ
Tel.: (24) 2233-9000 – E-mail: vendas@vozes.com.br